量化结构交易法与画线分析

夏经文◎著

中国宇航出版社
·北京·

图书在版编目（CIP）数据

量化结构交易法与画线分析 / 夏经文著. -- 北京 : 中国宇航出版社, 2023.5
ISBN 978-7-5159-2222-5

Ⅰ. ①量… Ⅱ. ①夏… Ⅲ. ①股票交易-基本知识②期货交易-基本知识 Ⅳ. ①F830.91②F713.35

中国国家版本馆CIP数据核字(2023)第055613号

策划编辑　卢　珊　　　封面设计　王晓武
责任编辑　卢　珊　　　责任校对　洪　宇

出版发行　中国宇航出版社
社　址　北京市阜成路8号　　邮　编　100830
（010）68768548
网　址　www.caphbook.com
经　销　新华书店
发行部　（010）68767386　（010）68371900
（010）68767382　（010）88100613（传真）
零售店　读者服务部
（010）68371105
承　印　三河市君旺印务有限公司
版　次　2023年5月第1版　2023年5月第1次印刷
规　格　710×1000　开　本　1/16
印　张　14.75　字　数　195千字
书　号　ISBN 978-7-5159-2222-5
定　价　49.00元

本书如有印装质量问题，可与发行部联系调换

PREFACE 前言

量化交易是机构应用数学模型在大型计算机上进行的小波段重复的机械式交易。普通投资者很难实现量化交易。经多年研究、探索，笔者发现了价格空间运动与斐波纳契数列的关系，从而引出“价格空间结构分析理论”，通过计算、画线就可以得出价格上涨或下跌的目标区域。

价格走势是趋势、时空和形态的共同运动轨迹，其中最重要的是趋势，其次是空间结构与形态结构。比如某一天你发现一只经过长期下跌的股票突然底部放量涨停，就要从这三方面对该股做画线分析，将趋势线、空间结构线和形态结构线同时画在K线图上，三个不同的角度得出各自的分析结论，如果三种因素的分析结论能够在一个狭小的区域内达到一致，则会产生共振，那么，结合成交量的有效放大，就可以判定价格趋势即将反转。至于是上涨还是下跌，还需要依据反转的力度来判断。

画线分析与技术分析一样，逻辑上都是从大周期（周线、月线）向小周期（30分钟线）逐级别地将分析缩小到当下，并寻求在当下一个较小的区域内，分析结果的一致性，从而提高分析、交易结果的确定性。画线分析与技术分析相比，其意义有以下两点。

1. 画线分析能够将分析状况、结果直接反映在K线图上，是最直观、最有效的分析方法。画线可以清晰地表达出价格运动趋势的转折点，应用转折点、趋势线、成交量的综合分析，可以帮助投资者洞察、判断主力资金的意图，进而达到跟随主力共进退的目的。

2. 绝大多数投资者在交易中都容易被市场情绪所左右，摆脱恐惧与贪婪，就成了投资者能否成功的关键。画线可以帮助投资者逐步建立起一套可信赖的交易模型，再经过强化训练，就可以实现规范化、模型化的交易，从而摆脱情绪化交易。画线就像一把尺子，可以帮助投资者监控价格运行在关键点位上的变化，也是制订盘前应对策略及计划的依据。有了应对策略和计划，投资者就可以有效地摆脱情绪、意念的影响，从而逐步提高对市场的认知程度。

本书强调的是多角度全要素综合分析价格走势。内因是本质（企业估值、主力筹码、主力策略、大众情绪），外因是表现（趋势、时空、形态、成交量），内因与外因共同影响价格走势。技术分析就是通过对外在因素的综合分析，寻找、发现与内因和谐共振的时间点，以找到最合适的买入或卖出时机。

笔者将自创的“二波结构”和“同级别推调比”概念引入波浪理论结构画线分析，总结出一套系统完整的量化分析交易方法。量化是通过计算5-3结构中浪与浪之间的空间、时间比例关系而实现的。计算包含：①应用斐波纳契数列计算价格的空间结构；②应用“同级别推调比”计算5-3结构中推动浪与调整浪的时空比例关系；③计算推动浪与推动浪之间的比例关系。计算结果是判断价格的空间结构、形态结构是否完美的依据，是决定后市如何交易的基础。方法简单易学，是普通投资者能够使用的量化交易方法。

认知能力是最根本、最核心的竞争力。真正大的投资机会都是出现在市场出现重大危机的时候，越是危机越应该大胆投资，“危机”中不仅有“危”还有“机”，只不过投资者需要很强的认知能力。投资者要通过学习、总结搞明白资本市场和经济运行的基本循环规律，做好充分准备，才会在危机出现之时找到大的投资机会，在危机中获得成就感和幸福感，而且这种感觉会给你带来自信，你将用更加努力的学习来延续这种幸福感。

笔者文字水平有限，读者若发现书中有文字或语言逻辑上的错误，请不吝赐教。微信号：15542727125，抖音号：38530032086，新浪微博：虎哥v视。能够发现错误的读者必是知音，感谢之外，必有惊喜！

夏经文

CONTENTS 目录

第五章 空间结构线

第六章 形态结构线

第一章

影响价格走势的因素

价格走势属于客观的自然范畴，趋势变化是无常的，不可测的，只能跟随。我认为，认知自然、认知市场的最高境界就是老子讲的“常无欲，以观其妙；常有欲，以观其徼。”进一步解释就是，对市场保持虚无的状态，观察其玄妙的本质；对市场保持现实的状态，仔细观察其走势的表面现象。站在万物之本源思考万物万事，洞悉万物运行的规律与法则，进而在知觉和行动上达到知行合一的无为境界。

第一节　对资本市场的认知

你在资本市场挣到的钱，实质上是你对资本市场的认知，认知是一个人在资本市场的核心竞争力。对资本市场的认知有两个方面，一是对宏观经济基本面以及国家产业政策导向的认知；二是对影响股票价格走势因素的认知。

一、对宏观经济基本面以及国家产业政策导向的认知

作为一个投资者每天必须关注：①这个世界发生了或正在发生什么，这些事件中是否有“危机”存在，对当下环境有一个清醒的认识。普通投资者对新闻的敏感性差，即便周边发生了无数危机征兆，也表现得无动于衷，不能积极地探寻这些征兆背后深刻的含义。一个成功的投资者一定要对这个世界的运行机制，以及由此导致的所有表象随时保持正确且清晰的理解。②货币市场本、外币汇率的变化。③统计数据，包括宏观经济数据、投资标的的行业数据等。④投资标的公司的公告及新闻。

对于周边所发生危机的征兆，投资者一定要保持客观独立的思考和行为方式，切忌依赖他人。否则当问题发生的时候，你不会用自己的脑子思考，只会跟随市场大众而动，一旦进入危机时刻，便会手足无措。

二、对影响股票价格走势因素的认知

股票价格走势是一种大众行为，属于客观现象，影响价格走势的内因与外象因素共有八个：趋势、时空、形态、成交量、估值、筹码、策略、情绪。其中前四个因素是价格走势的外因，技术分析就是透过外因去分析价格运动背后主力资金的意图。而后四个因素是影响主力行为的内在因素，最重要的是上市公司的估值，其次是主力的持筹量。主力的操作策略是根据上市公司估值以及手中的筹码量决定的，当估值与持筹量都具备启动条件，主力就会利用消息或一些技术手段引导并利用投资大众的情绪，完成与大众筹码的交换而获利。也就是说，在低位将筹码从大众手中骗出，在高位利用上市公司的诸多利好将筹码再卖给市场大众。

价格走势之所以存在诸多不确定性，就是因为影响价格走势的因素太多。想成为一名成功的投资者，就必须对影响价格走势的内因与外因有深刻的认知，学会透过现象看本质。

内在思想决定外在人生，财富的获取一定是你认知范围内的回报。

第二节 影响价格走势的内因

内因是本质，外因是表现，透过现象看本质，是观察、分析事物的主要途径和方法。在影响价格走势的内在因素中，基本面估值是最重要的，其次是市场情绪。主力筹码与主力策略是主力资金的秘密，不是我们能了解和掌握的。我们重点关注的就是基本面估值和市场情绪这两个因素，下面就讲一下了解方法与途径。

一、基本面估值——价值投资

1.坚持价值型、成长型投资方向

投资公司的选择与关注。①价值成长的投资一定要看得远，不是拘泥于现实，而是聚焦于未来。②有两类公司不买，一是不具有成长性的公司；二是只有安全性而没有进攻性的公司。③依据国家当前的产业政策，选择具有成长性行业的龙头企业（已被市场承认）进行投资。④对所投资的行业，应注意行业爆发式增长的预期消除，一方面要关注企业所扩展的B业务增速超越行业增速的情况，同时也要注意企业原本从事的A业务增速超越行业增速的情况。另一方面，对企业的原材料成本、未来准备投资的方向等情况都要密切关注。⑤行业发展周期问题也是关注的重点，一是要看供需情况，二是看未来需求增长的持续性。例如，国内半导体原来大多数依赖进口，美国制裁造成供给收缩，需求增长，供需发生矛盾，半导体行业出现很大的投资机会。当下来看，部分半导体的供需矛盾或进口替代的机会，已经比较充分地反映在了估值上。那么，今后半导体行业的投资机会可能就转向国内半导体业务进入成熟扩张期所带来的材料需求增加的机会，也就是说，之后的投资机会可能来源于材料的终端环节。

成长为矛，价值为盾。成长股与价值股的投资关系也是相互转换的。市场有时候偏成长，有时候偏价值，成长风格和价值风格是随着市场风险偏好转换的，例如，行情好的时候，成长股会成为市场的宠儿，而在市场进入调整、释放风险的过程中，价值股又成了首选的投资对象。

我是一个技术派，喜欢用市场的视角去看问题。价格走势经常是强者恒强，顺应趋势是我们投资的主要方法。但我始终相信它不会永远强，我注重的是判断市场什么时候发生强弱的变化，关注行业产业链利益分配的变化，关注影响企业的主次要因素的转换。次要矛盾变成核心矛盾，就要换个角度重新审视一下，看一看未来可能的发展方向。

对于个人投资者来说，在没有能力判断企业的成长性和投资价值的情况下，价格运行趋势就是我们判断企业兴盛衰败的依据。能够改变价格趋势的肯定是行业或个股的投资主力，每当资本市场进入调整的时候，都是市场上大大小小的主力机构对企业及行业进行再评估的过程。我们要做的就是在一旁等待观察，等待主力博弈进入衰竭，再寻机分批分阶段逐步重新介入市场公认的主流投资行业及个股，跟随趋势运动方向投资，是普通投资者唯一可行的投资方法。

2.如何快速分析企业的状况

关注行业产品及服务的市场饱和度、产业升级、新兴产业市场。

首先要关注公司所在行业的产品及服务的总体状况，这一点完全可以从公司和行业分析、报道中获取。重点明确：①天花板问题；②产业升级问题；③新兴行业发展潜力。这三个方面是分析一家公司在行业中的地位以及未来发展空间的关键。如汽车、通信行业，产业不断升级创新，打破原有的行业平衡，创造出新的需求。这个过程中，代表新技术、新生产力的企业将脱颖而出，其产品和服务将逐步取代甚至完全取代旧的产品，如比亚迪在新能源汽车上的发展。

其次要积极关注新兴行业崛起所带来的投资机会。新兴行业未来的市场容量难以估计，想象空间大，历来都是伟大企业的摇篮，牛股层出不穷。要重点挖掘那些细分行业里具备领军地位的优秀企业——小行业里的大公司，如新兴材料行业中的西部超导。

3.密切关注企业经营及财务状况

市场壁垒——护城河。企业的核心竞争力是护城河最重要的组成部分，护城河的深浅主要表现为以下几个方面：①回报率，主要指毛利润、股东权益回报率（ROE，Rate of Return on Common Stockholders' Equity）、总资产回报率（ROA，Return On Assets）和投入资本回报率（ROIC，Return on Invested Capital）。重点看高回报率的构成、决定因素、能否持续。②转化成本，是指用户弃用本公司产品而使用其他企业相类似产品时所产生的成本（含时间成本），与仍旧使用本公司产品所产生的成本差值。③成本与边际成本。企业的成本能否做到行业最低？是否有原材料优势、工艺流程优势、物流优势以及市场规模优势？低成本、高毛利就是一种强势竞争力的体现，高毛利的企业通常具有定价权。④成长性，侧重于未来的成长。

各项财务指标。①收入同比增长率、主营业务的变化、主要客户销售额分析、主要竞争对手比较分析；②毛利率水平体现了企业的竞争力；③真实的净利润（经营性利润–所得税）；④收入与利润的含金量，包括现金收入比率、经营现金流量比率、自由现金流。

4.普通投资者了解企业价值与估值的途径与方法

（1）选择跟随明星基金、社保基金、QFII（合格境外机构投资者，Qualified Foreign Institutional Investor）基金以及北向资金重仓股操作。

这是一个非常简便的路径，现在有很多专业网站或专业服务软件都能查到明星基金、社保基金、QFII基金以及北向资金的持仓情况。正常情况下，凡是基金重仓或持续加仓的处于上升趋势或底部盘整阶段的个股，企业价值与估值都可视为估值在合理区间内。选择时应注意：①成长为矛，价值为盾。如果当下市场各板块正在轮流上涨，成长类公司优先；若是市场经过长时间下跌，处于低迷振荡阶段，逢低选择成熟型价值龙头公司分批投资。②重点关注国家宏观经济基本面以及国家产业政策导向，沿着政策指引的方向投资。③持仓股应监督基金季报、半年报及年报停止加仓或减仓的现象。新建仓应寻找基金重仓或不断连续加仓的处于底部的低位股分批建仓。具体操作时，还要注意基金的重点持仓、加仓板块以及市场热点等，仔细研究布局。

（2）短线板块、热点个股追踪。

例如，2022年7月到9月，世界人工智能大会、国际生物医药产业周、国际半导体展览会以及第23届中国国际工业博览会在上海相继召开。沿着这个路径，结合当前热点，人工智能、元宇宙以及汽车功率芯片等概念，在9～10月份将是极好的窗口期，比如元宇宙概念正在调整，就应积极关注，逢低布局，赢得先发优势。

在个股选择上，可参考以下步骤进行：①看盘子大小定市值龙头。热点市值龙头是板块进攻的核心力量，也是判断板块持续时间的标准。市值龙头的优势是涨得稳健，不套人。②看涨速定情绪龙头。涨得快、涨得高的就是情绪龙头，是游资高度关注板块的前锋，专门打前阵的，代表了整个板块的高度。③业务关联度。新兴热点属于炒概念、炒预期，人气高、涨速快、成交量大、市值小的个股可能成为强势股；行业热点属于炒业绩，应选择市值大、盈利高、基本面好的企业。公司的主营业务必须是热点行业。

短线追击热点必须设置止损点，追踪龙头属于短线操作，追的是趋势，玩的是规则，必须具备一定的技术分析与操作能力。一般情况下，是在5分钟和30分钟级别上操作，操作方法主要是画趋势线，依据上升趋势线进行操作，这里最重要的是设置30分钟级别的前低点为止损点，有了止损点，才能大胆介入，勇于操作。止损点的作用是控制亏损幅度，让利润奔跑。止损点不是一成不变的，是随着每波调整低点的逐渐抬高而抬高的，最初建仓时是止损点，之后就逐渐转为止盈点。切记，这一点极为重要。

二、市场情绪问题——对非理性投资环境的认知

市场大众的情绪是影响大众投资者分析价格走势的一个重要因素，分析市场大众情绪是普通投资者摆脱情绪、意念对操作与交易影响的关键。价格运动是多空双方博弈的过程，内部充满了诱惑和骗局，如果普通投资者对股票价格运动过程没有一个最基本的认知，无论基本面多好，也是把握不住的。下面讲一下趋势形成过程中的心理分析。

经验告诉我们，趋势一旦形成，大部分时间都是一边倒。股价开始处于混沌时期，上涨趋势不明显，上涨时会遇到不同的阻力区，价格很快回落，又会遇到不同的支撑位。在混沌区域范围内小的价格波动纯粹属于噪声，难以预测，从中只能获得一点小利，一旦价格突破重要阻力区，它就坚决地开始往上走。

趋势刚开始的时候，大多数人把它看成一次新的随机运动，认为价格很快就会回来，许多人慌忙兑现所获之利。价格回落，新的买主开始加入，经过一段时间的多空博弈，价格重拾升势。市场行情已经变了，那些刚刚卖出的人开始后悔，希望价格回落，趋势正在形成。一个趋势开始形成时，往往会持续很长时间，超出任何人的想象，大多数人搭了一程车后，心满意足地退出观望，然后行情一直延续下去。最后发展成群众性运动，持续一两年乃至三年，中间偶尔被打断，也是短期的。这种情况在市场中可能并不少见，但是被你发现的并不多，能坚持跟随走完趋势的更少。经验告诉我们，把握趋势是挣大钱的机会。

这个过程中的市场大众情绪就是所谓的趋势心理。交易者只有懂得大多数交易者在想什么，才能判断自己的想法是否趋同，是否客观，是否正确。

交易者的心理情绪对交易是至关重要的，只有滤去心中的噪声，才能坚持初心，跟随主力走向价格的巅峰。

1.趋势的延续与投资大众的心理变化

我们如何知道一个趋势是否会延续？趋势经过长期下跌，某一天突破下跌通道趋势线，并放出巨量，出现买入信号，投资大众已经判断趋势发生改变，感觉股价很快就要上涨，但不知道何时开始上涨，大多数人在等待一个明显的买入信号，而这是一场漫长的等待。投资者的心态变化如图1-1所示。

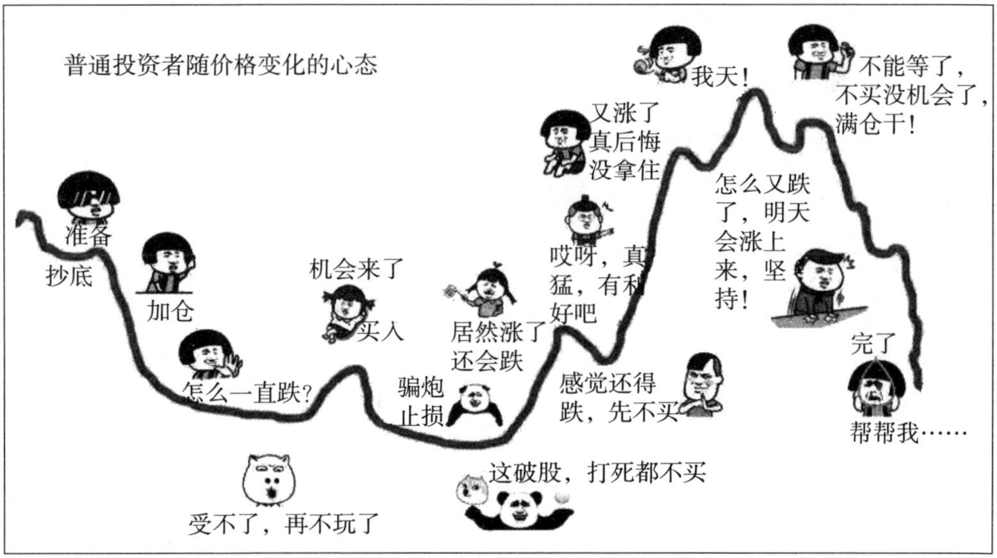

图1-1　股价各个阶段投资者的心理表现

价格在慢慢上涨，突然有一天放出巨量涨停，市场出现狂热现象。所有投资者都注意到了这一情况，股评报道蜂拥而至，寻找股价上涨的原因。突然间，所有人都听到了正面消息，无人顾及反面声音。实际上，大多数人看新闻的目的就是在为自己所要做的交易找一个理由，让自己确信交易是正确的，这个想法完全是为了满足自己的心理需求，本身就已经不客观了。

第二天开盘，所有人都盯住股价，此时他们心态各异。那些在上涨之前买入且一直守住的人，赚取了巨大的财富，他们感觉非常幸运。随着股价的上涨，他们不断计算自己的财富，在贪婪与恐惧之间摇摆不定，贪婪告诉他守住仓位，一定要挣个够，同时又提醒他们，绝对不能让煮熟的鸭子飞了，随时准备落袋为安。

那些在上涨之前刚刚卖出的人，心情就不是那么好了。即使他们刚刚出局，但对股价的关注一点都不会少，显然，他们犯了一个大错误。一开始他们相信价格会上涨，慢慢失去耐心，最后卖出，但是不卖不涨，一卖就涨，这种感觉真是太难受了。更糟糕的事情是，悔恨使他们比以前更加相信价格会继续上涨，最难的是，如果现在再买回来，价格比卖出时高了许多，让人难以接受。唯一能做的是，等待价格回落一点再冲进去，心里能好受一些。

最痛苦的还是那些在上涨之前做融券卖出的人，价格不断上涨，他们的感受是恐慌和绝望。他们害怕遭受更大的损失，而且证券公司要求他们平仓。他们被打得晕头转向，会尽可能选择较低的价位出局（买进），也有少数血性赌徒会反手做多，由空头转向多头。

2.选择合适的时机

所有这些心态各异的市场参与者都紧盯着价格走势，幸运者在考虑是否卖出，悔恨的人却在寻机买入，事实上他们早已做出决定，剩下的只是时机问题。于是，大多数人都处于观望状态，屏息静气，随后的几天里，成交量逐渐减少。谁最先作出决定？从心理学的角度来看，肯定是愉快的一方，也就是那些幸运儿，开始可能是几个人，随后马上有人跟进，成交量很低，无论是参与者还是股评家都看出来，仅仅是投资者的获利回吐。

当价格下跌到前期成交密集区时，第一波卖出的人又开始进场买入，而此时的价格也正是空仓者梦寐以求的价格。人们蜂拥而入，价格不再下跌，重新上涨，并创出新高，人们不再恐惧，价格进入了一个新的空间。

股价经过一段大涨后，成为市场的明星，引来更多关注者，股价形成了一个标准的上升通道，每一次调整都会引来更多的人买进。那些没有入市的人感觉可笑，有人开始做空。

许多人随时准备买进，价格下跌非常有限，很快又重拾升势。这次上涨不仅有新人加入，许多前面退出的人又重新冲了进来，没有人确认是什么样的趋势，情况非常好，没有任何可担心的。

3.失望预期和三重打击

市场在出现一个突如其来的上涨之后，随之而来的是下跌调整，这是由于前期投资者获利回吐，新的投资者则利用这次机会逢低买入。大多数卖出者注意到，每次市场创出新高后，他们都应该守仓不动，而小幅回调恰好是买进机会。每次上涨都引来更多新的投资者，愿意在现价买入。而从一开始就介入的买主，原本是想获小利，但是他们发现市场趋势没有走弱迹象，于是不断推迟卖出，守仓不动，市场筹码稀缺，任何获利回吐都引来更强的购买欲望，人们已经不再注意上升趋势通道是否被破坏。

然而，随着成交量的放大，股价已不再创出新高，有很大一部分投资者已经出现亏损，当出现这种情况时，表明市场行情彻底改变。投资者先是感到惊喜，然后是不确定和紧张，在最后的成交密集区介入的新投资者更是遭受三重打击，他们在外旁观时市场高歌猛进，而一旦入市，市场却未创新高，现在他们居然亏损，真是重重打击。

4.转势前的最后犹豫

市场安静了一段时间，最后终于有人打破沉默，那批新投资者再一次遭受沉重打击，承认失败，面对现实，选择撤退。墙倒众人推，市场出现大幅下跌。在趋势转换前的最后，还在犹豫中的投资者深套其中。

查尔斯·道（Charles Dow）在论述趋势时说：只要价格没有回落到前期形成的成交密集区，趋势仍将保持完好；只要不断出现更高的头部和更高的底部，上升趋势仍将保持完好；只要不断出现更低的头部和更低的底部，下跌趋势仍将保持完好。

趋势最重要的特征：在上升趋势中，尤其要注意观察不断抬高的底部（往往是前一个高点的头部），而在下跌趋势中，要留意不断下降的头部（前期底部）。

5.恐惧心理

无论是基本面分析还是技术分析，分析得多么有价值、多么正确，都不能保证交易一定盈利，一是与时间周期有关，二是能否将技术分析结论转化为正确的投资交易是另外一回事。困难源于人们心理上无法避免的两个问题，首先，无论投资者多么仔细地去分析特定的市场，总会有疏漏的可能，因此存在不确定性；再就是人们的心理问题，盈利的时候过于贪婪，亏损的时候过于恐慌。心理因素从深层次上讲是对市场的认知不够，从操作上讲是没有建立自己的交易系统，处于无序交易的状态。

解决这两个问题，首先要清醒地认识自己是不是适合这个市场，从而选择去留，其次就是不断学习，总结出一套自己的分析交易系统。奉劝那些这也不信、那也不信，只信小道消息的人，远离市场。

6.鸡尾酒理论与鞋童定律

投资大师彼得·林奇（Peter Lynch）以鸡尾酒会为背景，揭示了市场从底部开始上涨到结束的四个阶段中，价格上涨与市场大众情绪的相关性。

“第一阶段，股市已经下跌了很长一段时间，以至于根本没有人预测股市会上涨，人们不愿意讨论股票。如果他们慢慢走过来问我从事什么职业时，我的回答是：'我管理着一家共同基金。'他们会礼貌地点点头走开。当10个人宁愿与牙医谈起有关治疗牙斑的事情而不愿与一个共同基金经理谈论股票时，很有可能股市将要止跌反弹了。

在第二个阶段，在我回答我是一位共同基金经理后，新认识的客人在我身边逗留的时间会长一些，然后他们又去与牙医交谈了，在鸡尾酒会上谈得更多的仍然是牙斑而不是股票。从第一个阶段开始到第二个阶段，股市已经上涨了15%，但几乎没有人注意到这一点。

在第三个阶段，股市从第一阶段至此已经上涨了30%，一大群兴致勃勃的人整晚都围在我身边，根本不理会牙医的存在。一个又一个热情的客人把我拉到一旁问我应该买哪只股票，甚至牙医也会这样问我。酒会上的每一个人都把钱投在了某一只股票上，他们都在谈论股市未来走势将会如何。

在第四个阶段，他们再一次簇拥到我的周围，但是这一次是他们告诉我应该买哪些股票，甚至牙医也会向我推荐三五只股票。当邻居们告诉我应该买哪只股票，而且后来股价上涨后我非常后悔没有听从他们的建议，这是一个股市已经上涨到最高点而将要下跌的准确信号。"

另一个故事是，美国前总统肯尼迪的父亲老肯尼迪是一位资深的投资家，在1929年美股大崩溃前的某一天，他请一位鞋童帮他擦鞋。这位鞋童一边擦鞋，一边对股票侃侃而谈，老肯尼迪发现连鞋童都对股市这么热衷了，正是市场过热的信号。于是老肯尼迪回家后的第一件事就是卖出手中全部的股票，从而躲过了那场世纪股灾。此后，"鞋童定律"被奉为经典，意思是当人人都高谈阔论买股票之时，正是卖出离场之日；而当人人都对市场没有信心的时候，恰恰是入场布局之时。

同样，当听到股市的段子广为流传时，也不要一笑而过，而是可以深思段子背后所代表的市场情绪：当绝大多数投资者都感觉市场充满风险时，最悲观的时期可能已经过去；而当身边的人都在津津乐道股市的财富故事时，股市可能已经快耗尽了上升的燃料，即将开启下跌之途。

心理因素在股市运行中扮演着重要的因素，这也是为什么“鸡尾酒理论”和“鞋童理论”屡屡见效的原因。然而，投资最重要的是找到正确的股票，牛市也有熊股，熊市也有牛股。熊市带来了低价购买股票的机会，但投资者如果只偏爱垃圾股，那么即使预测对了牛熊，投资的最终结果仍然不会理想，投资的关键是“物美价廉”。

第三节　价格走势外在因素的分析方法

一、综合画线分析——趋势线、空间结构线和形态结构线

综合画线分析——通过对影响价格走势的外在因素进行综合分析，来洞察背后基本面的变化。在价格走势的四个外在因素中，趋势是第一位的，其次是空间与形态结构。画线分析就是将趋势线、空间结构线和形态结构线同时画在K线图上，然后依据价格位置与所画线的位置关系，去分析判断价格的走势。如果三个不同角度的分析结果，在一个狭小的区域内产生一致性的和谐共振，我们就再去看一下成交量，用成交量最后确认一下分析结果的一致性，这样得到的结论将更加可靠。

能够在第一时间了解、掌握基本面变化及进程的，一定是主力资金。而主力资金在价格走势上的异动，就是我们技术分析的要点。透过外在因素，多角度洞察主力资金的意图，是普通投资者判断、验证基本面变化的有效途径之一。这里强调一点，画线分析只是一种工具，解决的是买卖时机与买卖点位问题，解决不了估值问题。

二、大众投资者如何通过画线实现量化交易

1.趋势、时空和形态三者和谐共振

价格走势是趋势、时空和形态的共同运动轨迹。分析中趋势是最重要的，其次是空间结构和形态结构。如果某一天你发现一只经过长期下跌的股票突然底部放量涨停，就要从三个方面对该股做画线分析。

（1）画出下跌趋势线：将下跌趋势中反弹浪最明显的两个高点连成直线，构成反压趋势线。反压趋势线接触的点越多，就越有效。

（2）依据初始波理论画出下跌空间结构线（初始波理论以及空间结构线的画法详见第四章和第五章）。

（3）应用波浪理论画出下跌趋势中的形态结构线（详见第六章）。

趋势线、空间结构线和形态结构线，从三个不同角度得出各自的分析结论，如果三种分析结论能够在一个狭小的区域内达到一致性，则会产生共振。那么我们再结合成交量的有效放大，就可以判定价格趋势即将反转。至于是反弹还是反转，则应用多空分界法来具体判断。

2.如何实现量化交易

在上述画线过程中，无论是推动浪还是调整浪，都是有明确的理论目标区域的，且是通过简单的画线或计算得出的。以下跌趋势为例，当实际价格到达理论调整目标区域后，就要结合形态结构是否完成、成交量是否有效放大，以及价格是否突破趋势反压线来判断趋势是否终结。若形态结构没有完成，价格也没有突破反压趋势线，则这个下跌理论目标位置的反向运动只是原趋势的一次小反弹，调整目标可能是下一个理论目标位置。

3.应用波浪理论形态结构比例关系实现量化交易

假定价格正在3浪中运行，3浪的内部结构是5波上涨结构，由3个推动浪和2个调整浪组成，同级别推动浪与调整浪之间有着相应的比例关系，推动浪与推动浪之间也有着相应的比例关系。依据这些比例关系及价格运动的结构形态，就可以推断出价格大概在什么位置结束。如当下价格已经运行到3浪中的**V**浪，如果出现调整，并跌破**V**浪的上升趋势线，就应该意识到3浪已经终结，价格将进入调整阶段，随后的 b 浪反弹是最佳的离场机会。这就是应用波浪理论对价格走势的预测作用。

4.应用初始波理论实现价格空间结构量化交易

在初始波理论中，基本理论上涨目标是61.8%的位置，突破61.8%的下一个目标位是100%～161.8%的位置，价格成长的最终目标一般在261. 8%～423.6%的区域（详见第四章）。

图1-2所示为美元指数周K线图。下面介绍如何应用初始波空间结构分析美元指数未来价格上涨的目标。初始波起点为2021年1月8日89.191点，初始波高点为2021年4月2日93.439点，下面计算初始波价格空间逻辑结构。

初始波幅a=93.439 − 89.191 = 4.248（点）

61.8%基本目标位 = 4.248 ÷ 0.236 × 61.8% + 89.191 = 100.315（点）

100%成长目标位 = 4.248 ÷ 0.236 + 89.191 = 107.191（点）

138.2%成长目标位 = 4.248 ÷ 0.236 × 1.382 + 89.191 = 114.067（点）

138.2%理论成长目标位与实际高点114.778点（2022年9月28日）仅仅相差0.711点，创出高点后则出现较大振荡。

由图1-2可以看出，应用初始数据画出的角度线对股价的作用也是相当大的。依据威廉・江恩（William D.Gann）所创的江恩理论“时间=价格、价格=时间”这一原则，制作江恩角度线1×1线的第1个点为初始起点，第2个点是价格第一次接近或突破初始基本目标位61.8%时，产生振荡调整的最高点（价格=时间的平衡点）。也就是说，第2个点是由初始波数据计算出来，所以画出的角度线也是量化的，对价格后期走势的支撑与压力作用更强。江恩角度线是时空平衡（时间=价格、价格=时间）最有效的时空分析工具，是江恩理论最重要的应用部分。

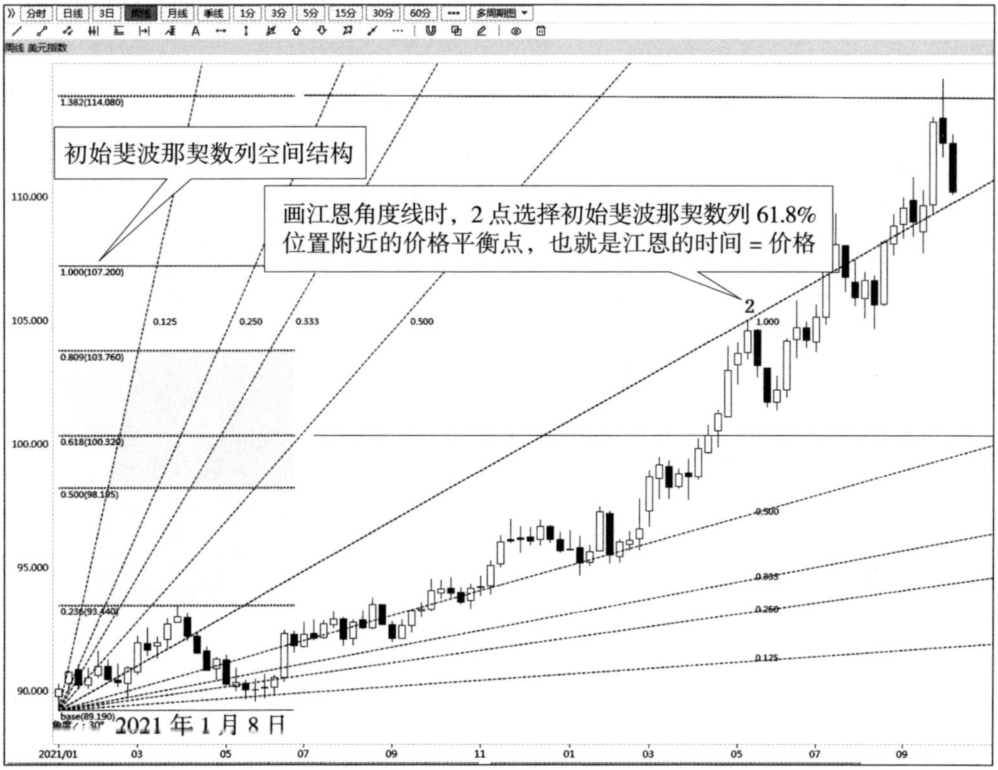

图1-2　美元指数周K线图

第二章

趋势理论——趋势线理论基础

在技术分析中，趋势是第一位的，其次是价格所处的位置（时空），三是价格形态结构。在做技术分析时，首先必须明确当下各级别趋势如何，月线、周线、日线都处于什么趋势，交易级别30分钟或5分钟趋势又如何。

第一节　趋势为王

价格趋势是“生”与“死”的问题，一般来说，靠趋势所挣的钱占60%，靠技术规则及操作策略占30%，靠运气占10%。在操作上，无论是哪个级别的交易，画线都是界定、判断趋势是否发生转折最直接、最有效的工具。下面就具体讲一下，画线对于操作的意义与作用。

一、监控价格运行趋势的一把尺子

顺势操作是所有投资者的共识。认清股价当下运行是什么趋势，正确画出趋势线，准确判断、把握趋势变化，是每位投资者的基本功。可以说，趋势线是帮助投资者认清趋势的最佳工具。如果价格在倾斜趋势线的右上方运动，说明股价运行趋势是上升趋势，投资者无论选择持股还是波段操作，效果都是比较理想的；相反，如果趋势线向右下方倾斜，则说明股价运行在下跌趋势中，应避免入场或持股。

二、预测价格支撑位与阻力位

长期以来，投资者对股价上涨或下跌运行规律的研究从不曾停止过。所有的研究都指向这样一个事实：未来股价的阻力位或支撑位往往与其历史运动轨迹相关。也就是说，历史上的某些点位，往往对股价未来走势产生一定的影响。

如图2-1所示，2021年9月17日闻泰科技创出低点后，股价沿上升趋势线运行，股价每次回落至趋势线位置，都会遇支撑重新上涨。当价格有效跌破这条上升趋势线，投资者应该立即卖出股票，这条上升趋势线也会从支撑线变为压力线。随后，股价就逐渐形成了一个标准的下降通道，同样，下降趋势线对股价具有压制作用。

确立支撑位与压力位是趋势线的主要作用之一。

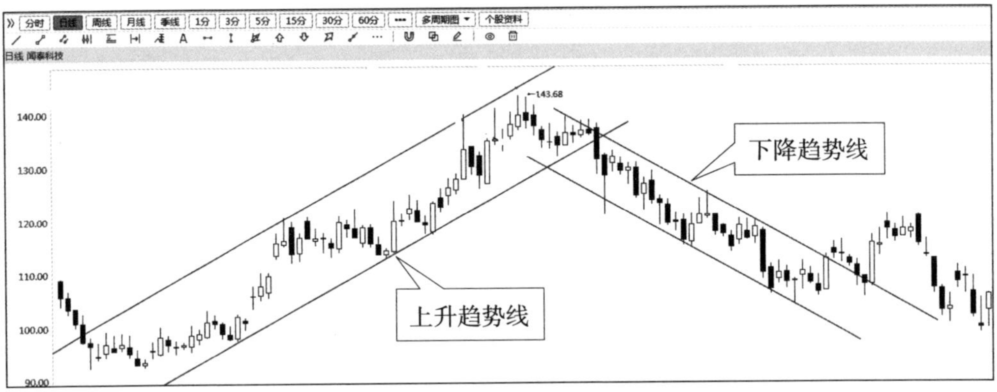

图2-1 闻泰科技上升、下降趋势线

三、确定交易策略与方法

不同的行情适合不同的交易策略与方法。有的行情适合做短线波段操作，有的行情适合做中长线，下跌趋势只能看着不动。投资者必须依据当下及未来行情的预判，来制定自己的交易策略与方法。

如图2-1所示，投资者在画出趋势线之后，可以一直持有仓位，直到价格跌破趋势线卖出为止。也可以依据上升趋势线做平行线，平移到第一波高点形成一个上升通道，根据通道线的支撑与压力，逢高卖出部分短线仓位，等待价格回到上升趋势线再买回，以博取一些短线收益。

四、跟踪趋势是操作者唯一的选择

交易者在实际操作中要记住，在价格运动趋势面前，不能凭空臆想，预判阻力位与支撑位的作用。阻力位与支撑位是相互转换的，而趋势线就是判断转换的界限和依据。价格就是领导，任何揣摩领导意图，想证明自己比领导高明的人，都是自作聪明。交易者要做的就是应用画线发现趋势变化的关键节点，更好地跟随、监控、判断趋势是否被破坏。趋势线就是一个最简单、最实用的研判规则。面对复杂的市场变化，简单、容易的操作规则是防止臆想最有效的办法。

对趋势的把握和对盈利的渴求永远是交易者探讨的主题。对趋势的理解，不同的人有不同的解读，我倾向于时空分析，时间不够、空间不够，趋势就会延续，在认同市场价格的波动是随机的前提下，能否实现盈利目标，关键就在于能否跟上价格、时间波动的节奏。有时即使方向上跟对了，空间跟不对或者时间跟不对，都不会有多少盈利。

在绝大部分市场行情里，趋势可以理解为没有边界，虽然实际趋势都有开始、反转的边界点，但是交易者想去找这个边界点，就一定会找错，所以，还不如直接认为这个边界点压根就不存在。这样做最大的好处就是可以摆脱先入为主的束缚，当交易的时候不再主观地去想某一个点位或者区间的时候，实际上就已经承认了市场的客观性，在此基础上，交易中所有的内容就只剩下跟随了。

另外，交易者持有股票的成本跟当下价格没有任何关系，盈利不是因为买到低点上，而是因为跟对了正确的方向，亏损也不是因为买在最高点上，而是因为跟错了方向。预期收益是交易者的分析预测，不是现实，先不说分析得是否客观，现实环境始终是在变化中，所以，预期收益率与实际收益率是有本质区别的。

交易过程中想得越多就会越复杂，实际上，市场还是那个市场，复杂的是人心。想着盈利，却不能去想具体盈利多少，对大多数交易者来说很难。其中的难点，在于大部分人很难恰当处理这种主观上的确定性与客观上的不确定性之间的冲突。所以，与其这样，不如干脆直接不再去想金额或者点位的问题，只要自己认同趋势，只做简单跟随。交易本身与你自身的一切，包括个人情绪或喜好都没有关系，它只是在那里简简单单地运动着，是否能够跟上它的脚步，就看你的修行了。

行情本身没有所谓的好坏之分，只有适合和不适合。面对同样的行情走势，即使学习了同样的交易技术，也会做出不同的交易决策，这是因为每个交易者背后的思维逻辑不同。操作中对价格规律的把握，以及对价格本质的认知程度不同，决定了不同的交易思维逻辑。当目光随着K线移动的时候，有人看到的是下跌突破，有人看到的是上涨中继，有人看到的是仍然没有突破重要的关键点位，依然是杂乱无章的振荡。不同的着眼点，表示不同的逻辑方式，这就是交易方法很难复制的原因，因为每个人思考的逻辑、路径很难复制。人的思维从来都不是一种科学，所以，交易也不是科学，当每个交易者寄希望于用科学的方法来解决交易上的问题时，一定是缘木求鱼。

尽管不是科学，聪明的交易者还是可以选择一种比较靠谱的方法，去考量市场情绪和交易心态的变化。一个人也许80%的时间是理性的，但是往往就是在交易的那一刻，是处于非理性的状态，或者沮丧，或者亢奋，这些都是导致情绪化交易的原动力。市场上经常犯的错误是，K线走势是客观的，但交易者的主观意识给它增加了好恶的感受。行情本身涨涨跌跌都是正常的，只要趋势不被破坏，保持心态跟随趋势就万事大吉了。

注意，这里重点讲的是趋势跟踪，不是趋势分析与预测，这是一种投资策略。技术分析是趋势跟踪的一个决策工具，技术分析要遵循四个基本原理：①价格走在前面；②市场是非理性的；③市场受混沌支配；④技术图形的自我实现。另外，与决策相关的因素不仅是技术分析。技术分析是从不同角度，应用不同的分析方法分析价格运动规律，最后必须本着一致性原则，对价格趋势做一个综合性的判断。

五、实战案例解析

在技术分析中，我们利用趋势线、成交量、多空循环理论、初始波黄金比例分析与江恩角度线等技术手段，从空间、时间以及形态上分析和确定一个趋势的延续与终结。力求多维度分析的一致性结论，这样才会有较高的可信度。趋势跟踪的另一大好处是，你是一名趋势跟踪交易者，就不会钻牛角尖。

图2-2所示为纯碱主力合约日线走势图。一个下降趋势经过A、B、C三浪调整，价格在C点之后拉出长阳，突破前高点，K线呈现短线多头态势，

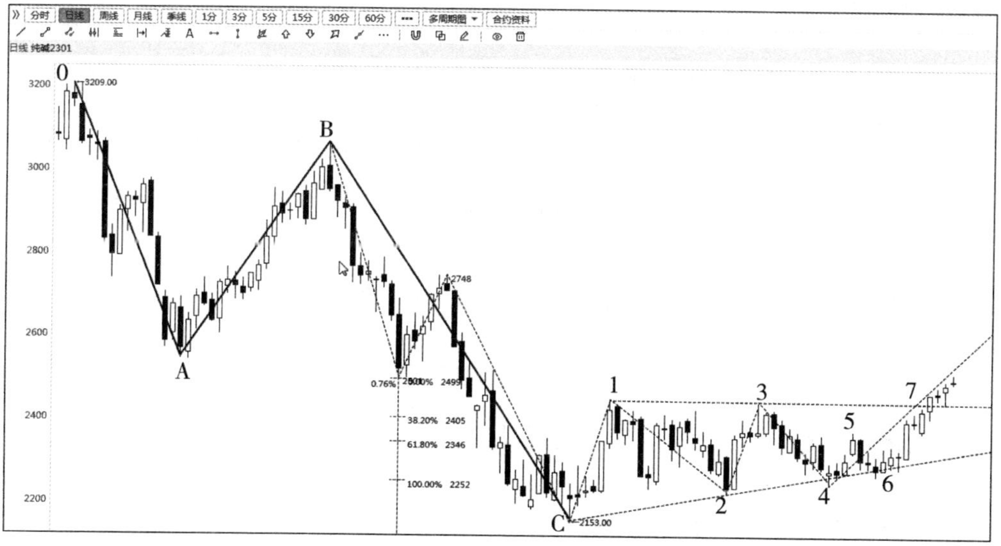

图2-2 右侧多头仓位建立方法

4、6点附近都是建立多头仓位的好机会。顺应趋势是交易的灵魂，C12、234、456为3个二波结构，也就是说，经过3波多空双方博弈，3个二波结构的低点与高点都在逐渐抬高，多头态势已形成。交易上，在4、6点附近建立多头仓位，设置建仓点前面的低点（C、2）为止损点，就可以在3分钟、5分钟或15分钟交易级别上沿小级别上升趋势线持仓。跌破交易级别的趋势线，反弹不再创新高，则平仓离场。

第二节　道氏理论与混沌理论

趋势线所体现的本质上是道氏理论，而股价之所以能沿着趋势线、趋势通道线运行，本质上是遵循混沌理论。道氏理论、混沌理论是分析价格走势的基础理论。

一、道氏理论

1.道氏理论对多头市场的描述

多头市场由一系列不断上升的高点和不断上升的低点组成，价格调整只要不跌破前低，就不能轻易判断上升趋势结束。

2.道氏理论对空头市场的描述

空头市场是由一系不断下降的高点和不断下降的低点组成。反弹只要不突破前高点，就不能判断下降趋势结束。

3.上升趋势线与下降趋势线

（1）上升趋势线由一系列不断抬高的低点连接起来而形成，价格调整破前低，跌破趋势线，上升趋势被破坏，上升趋势结束。

（2）下降趋势线由一系列不断下降的高点连接起来而形成，价格向上突破前高点，突破下降趋势线，下降趋势被破坏，下降趋势结束。

道氏理论对趋势的描述非常简单，只要仔细琢磨两遍，都可以大致理解。道氏理论是技术分析、判断趋势的基础，是必须掌握和理解的，无论你是日内盯盘做T，还是盘后分析，时时刻刻都用得上。趋势线是道氏理论在实际交易中的典型应用，看似简单，却是跟踪、判断趋势最好的工具。

二、混沌理论

混沌是多空双方博弈达到平衡的一种状态，是价格在一个波动区域的振荡走势。混沌区域是场内资金的博弈空间，价格运动的方向为原始运动方向。

混沌理论交易思想有三个原则。

1.股价永远朝阻力最小的方向运动

股价永远朝阻力最小的方向运动，这一点不仅是股票市场遵循的原则，人类、动物、植物以及世间万物都遵循这一原则，这是自然的本质。

2.价格运动是随机的，是不可预测的

在一个确定的系统中（股票市场），价格运动是随机的，是不可预测的。也就是说，长期趋势是不可预测的，只有跟随。

3.价格是由强烈的高阶混沌所主宰的

价格是由强烈的高阶混沌所主宰，一个日线级别趋势的波动范围受月线混沌区域所主宰，同样，日线级别的混沌区域也主宰30分钟级别趋势的波动

范围。这就是为什么要按级别进行交易的缘故。假定你交易的是30分钟级别行情，那么，你就要在日线上确定这个行情的大致波动范围。

股价处于混沌区域，上涨或下跌趋势都不明显，上涨时会遇到不同的阻力位，价格很快回落，又遇到不同的支撑位，这个区域范围内价格处于振荡阶段。小的价格波动纯粹属于噪声，之后的突破方向是难以预测的，只能高抛低吸，获得一点小利。一旦价格突破混沌区域的重要阻力位或支撑位，价格就会坚决地跟随并朝着这个外力指引的方向走。股价对初始波是极端敏感依赖的，这一点也极其重要，运用这一条可以分析股价运动空间。

三、股价波动的趋势性

股价永远处于波动之中，没有只涨不跌的股价，也没有只跌不涨的股价。如果股价只升不降，就不会有多少人愿意卖出，也就无法完成交易。股价波动时，总是会按照一定的趋势或方向前进，例如，在上涨趋势中，股价每次回落的低点都会高于前一个低点。下跌趋势则相反。

股价波动之所以会出现如此的趋势性，与其背后的推动力量密切相关。股价的上升或下跌都是主力或庄家有意为之，也就是说，股价朝哪个方向运行，主力或庄家都会有一个清晰的操盘计划。主力或庄家在具体的操盘中不可能回避这样两个问题：①不能让其他投资者识破自己的计划，否则操盘计划将会彻底失败；②避免其他主力破坏或抢筹。

以上升趋势为例。主力或庄家拉升股价时，必须时常主动地让其回调，一方面是为了吓退立场不坚定者，更主要的是提高新进入者的持股成本，隐藏自己的计划。在操作上，主力或庄家在拉升过程中，又必须保证每一次回调的低点都不低于前一个低点，否则其他主力或投资者会拣到更便宜的筹码，就会影响自己的操盘计划，于是就看到上升趋势线上一个又一个逐级升高的低点。

如图2-3所示，包钢股份的股价自2014年10月底启动后，一直沿着上升趋势线逐波向上运行，每次回调的低点都位于趋势线附近，且后一次的低点高于前一次的低点。

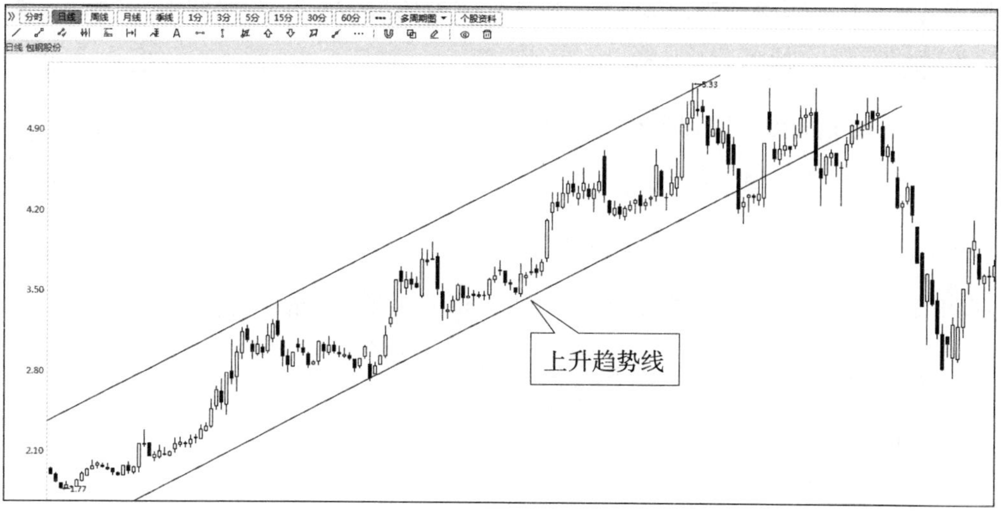

图2-3 包钢股份日K线图

四、多空分界法——量化判断趋势反转的条件

多空分界法的理论基础：①道氏理论对趋势判断的描述；②江恩的名言——价格等于时间，时间等于价格，价格与时间相互转换。

1.时间是反转的临界条件

计算某一段上升或下跌行情中所有反作用浪的调整时间，当反作用浪调整时间大于前面最大反作用浪调整时间的1.236倍时，判断主趋势面临反转。

2.空间是反转的必要条件——多空分界法

计算某一段上升或下跌行情中所有反作用浪的幅度，当反作用浪幅度大于前面最大反作用浪幅度时，判断主趋势已经发生反转，应在反弹或回调中逢高卖出或择机买入。这个监控股票趋势运动的方法称为多空分界法。

如图2-4所示，上证指数自高点3587.03点起进入一个中期下降通道，反弹浪中9～10段是最大的反弹浪，但9～10段依然处于下降通道内。当上证指数创出2440.91低点后，11～12段的反弹幅度超过9～10段，价格也突破了中期下降通道，因此可以判断下跌趋势结束。

910段的低点是2018年10月19日的2449.20点，高点是2018年11月19日的2703.81点，反弹幅度是254.31点，多空分界点是2440.91＋254.31＝2695.22点，正好是上证指数突破中期下降通道的第1根K线。

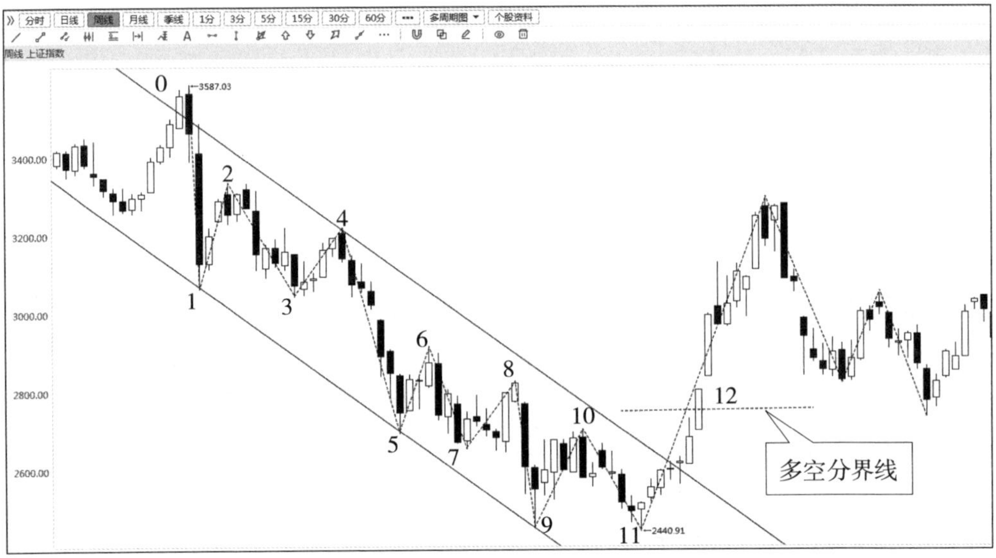

图2-4　多空分界线的应用

如图2-5所示，万科A在2019年6月3日启动一波日线级别的5浪上升行情，我们利用多空分界点来判断是否存在5浪扩展波。

1～2段回调幅度为1.05元，5～6段回调幅度为1.60元，是调整段中最大的回调幅度，7点创出新高29.39元后开始回调，由此计算出多空分界线点位是27.79元（29.39元－1.60元＝27.79元）。价格连续三个交易日的调整低点为27.57元，跌破多空分界线，由此判断不会有延展行情，接下来将进入调整阶段。

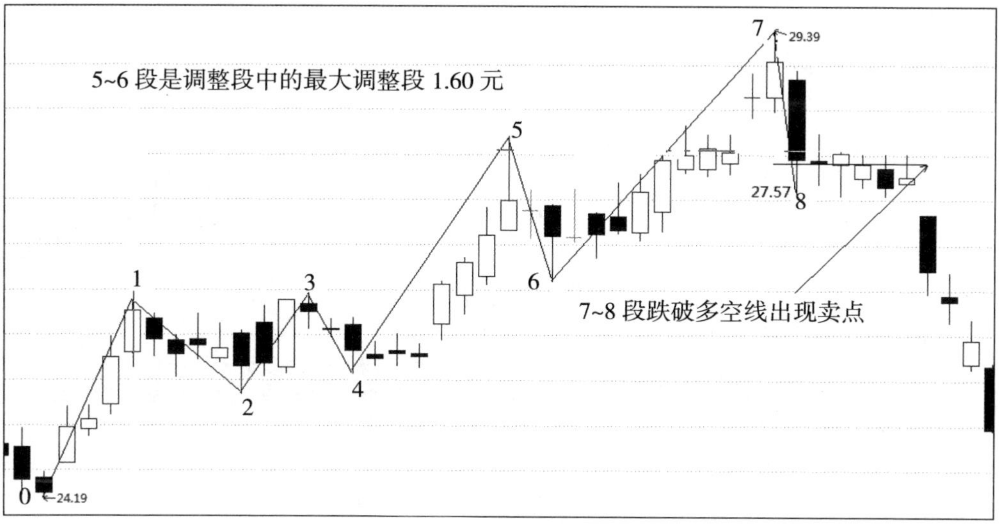

图2-5　应用多空分界法卖出

五、支撑位与压力位转化原理

支撑位与压力位互相转化的情况一次又一次重演，这种力量转化的背后，其实与筹码分布息息相关。筹码集中的点位必然阻力重重，股价如果能顺利向上突破这个位置，则必将上涨。上涨之后回调至此位置时，又会有大量的承接盘涌入，因为大家相信股价还会上涨，此位置是最好的买入位。

如果股价真的向下突破了此位置，很多人将被套牢，于是当股价再次反弹至此位置时，这些套牢盘便会蜂拥而出，致使股价再次走低。

如图2-6所示，广汽集团的股价在2021年3月9日创下阶段最低点9.65元之后开始上涨，在前期高点附近遇到阻力，股价先后两次上涨均遇阻回落。进入7月份，股价展开第3次攻击，到达阻力位后，多空双方围绕多空分界线反复争夺。经过数日振荡，2021年7月7日股价放量涨停，股价突破趋势线阻力（放量是有效突破的必要条件，也是之后成为支撑位的重要条件），从此该位置便成了股价的支撑位，股价多次下跌至此位置，均因受到支撑而重新上涨。

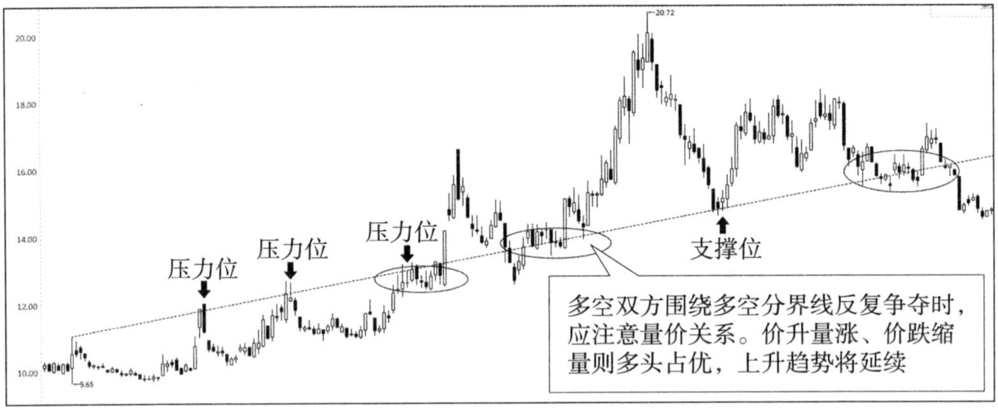

图2-6　广汽集团日K线图

六、心理影响因素

历史会不断地重演，这是很多人坚持的基本逻辑。股价永远朝阻力最小的方向运动，这是股票市场遵循的基本原则。某一点位一旦构成对股价的支撑或阻力作用，那么，当股价再次回到这里时，很多投资者自然而然地会选择回避风险，于是这些点位的作用就一次又一次地被强化了。

第三节　如何确保趋势线的有效性

趋势线是分析、判断趋势的一把标尺。准确画出趋势线，可以帮助我们寻找最佳的买卖点及止损点。应用趋势线交易是日常最好用的一种交易方法，也是最简单的一种交易方法。画趋势线不是简单地将高点和低点连接，画出的趋势线是你对价格走势结构分析的具体体现，也就是技术分析能力的体现。每一条趋势线所表达的含义和作用都不一样，那么，如何画出一条准确、有效的趋势线，就是下面要研究的主要问题。

一、如何选择画线点位

画趋势线关键点的选择主要有两点：①关键点往往是一些具有转折意味的点位，如短期高点、低点等，还有就是被反复证明有效的点位以及由该点位构成的趋势线，更具有交易指导意义。也就是说，如果是两个阶段高点构成的阻力线，其后股价数次来到该阻力线位置，均因阻力线的压制而回调，那么，该阻力线的作用就会越来越强。②关键点位的成交量放大或缩小越明显，其作用就会越强大。同时，如果出现位置互换，即阻力位与支撑位互换时，其作用仍将很强大。

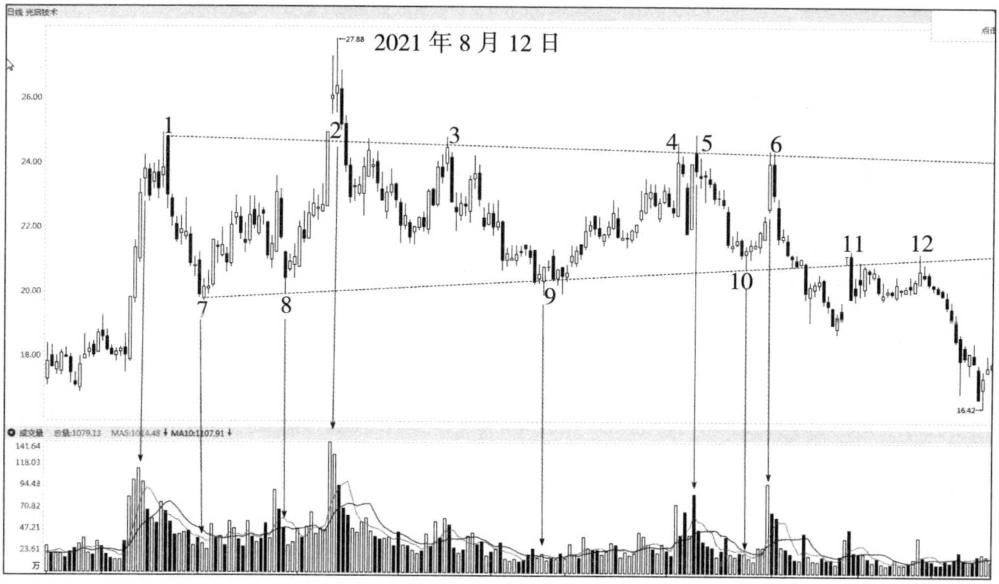

图2-7　光启技术日K线图

如图2-7所示，先看一下高点压力线，在1点形成的前几个交易日，股价从低位上涨，第一次放出大量，产生振荡，几日后形成高点1点。之后开始回调，回调至7点开始反弹。反弹多次在前期振荡区域低点趋势线下方受阻，最后选择向下调整，形成8点。8点未破前7点，经过几日整理，成交量进一步萎缩，在5分钟级别上形成多头上攻态势，价格突破短期压力线，突破前高点1点，放出巨量，股价再次选择向下调整。这里重点观察一下调整趋势中的反弹，反弹高点2、3点均未突破第一次放量高点1点。至此，由1、2、3点连线形成了高点压力线，其有效性在后面的4、5、6点得到充分证明。

再看一下由低点构成的支撑趋势线。9点形成后，验证了由7、8点连线形成的低点支撑线的有效性。之后10点再一次触及该支撑线反弹。当股价跌破这条支撑线时，曾经两度反弹至该支撑线附近，也就是所谓的破位回头确认，经过两次确认，下跌趋势成立，支撑线已经转换成压力线。11、12点就成了最后的逃命点，11、12点也充分确认了这条线的有效性。

通过上面这个例子可以看出，构成高点压力线的点位一般都有成交量放大的配合，构成低点支撑线的点位都有成交量明显萎缩的表现。成交量在预判阻力位与支撑位上非常重要，这一点后面还会讲到。

二、K线画线位置的选取

一根K线有4个价位：开盘价、收盘价、最高价、最低价，在画线时，正常情况下取实体位置为画线点，当然，某些情况也用最高点和最低点作为画线点。

如图2-8所示，步长制药的股价从 2019年5月开始形成一个缓慢的上升整理通道。我们可以通过股价上涨的高点和下跌的低点分别绘制两条切线，以便确认股价的突破方向。图中的两条实线是基于K线实体价格绘制的，虚线则是基于K线上下影线绘制的。从这两条切线的绘制情况可以看出，由K线上下影线画出的通道线的有效点位以及对股价走势的指导意义，要弱于K线实体。

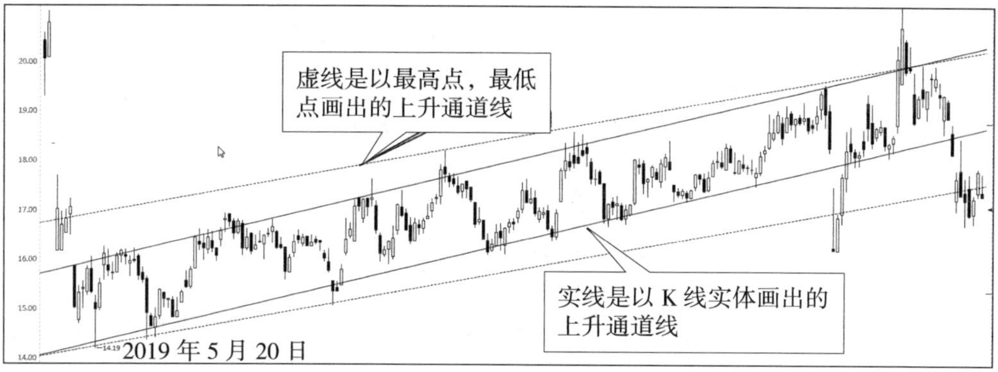

图2-8　步长制药日K线图

三、趋势线的校正、变轨

画出趋势线后，股价可能沿趋势线运动一段时间，但在以后的某一时刻肯定会突破原有的运动趋势，或突然加速上扬，或跌破趋势线支撑。这些都需要实时观察趋势线与K线走势之间的关系，研判趋势线有无变轨现象。当然，变轨并不意味着原来的趋势线绘制失败，价格走势不可能永远沿着一个模式运动。

如图2-9所示，通威股份的股价在2020年3月24日创出9.87元的新低后，走出了一波上涨行情。1点为第一波调整低点，2点为第二波调整低点，连接这两个低点形成了一条上升趋势线。之后股价回落得到趋势线支撑，形成3点后重新上攻，这次上攻股价突破顶点压力线的压制，突破后回头确认得到支撑，开启加速上扬走势。连接3点、4点形成变轨后的上升趋势线，新的趋势线形成后，相对应的止盈点也应按照变轨后的趋势线逐步抬高。

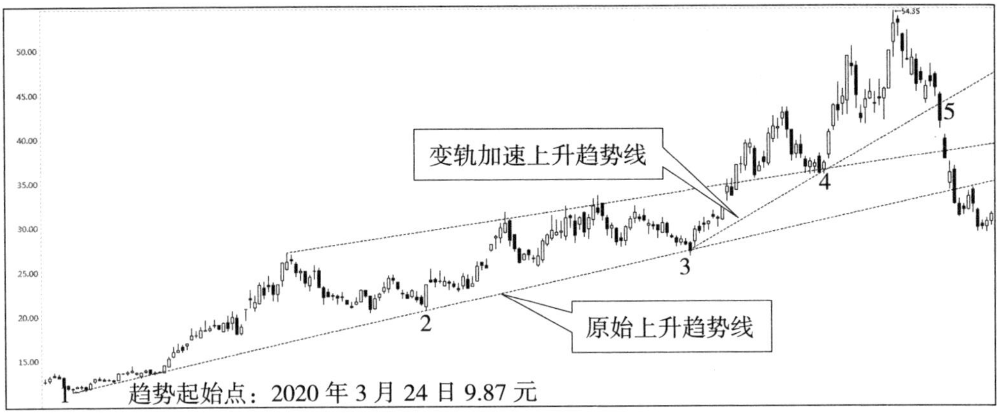

图2-9　通威股份日K线图

跟踪趋势就是监控股价变化与趋势线之间的关系，假如价格有效跌破趋势线，并且回头确认调整趋势成立，就应当及时出局观望。

四、趋势线作用的确认

趋势线的作用主要是对股价形成支撑或压力，且支撑与压力是随着价格与趋势线位置关系的变换而转换的。价格冲高回落跌破趋势线，我们不能立即判断跌破趋势线是有效的，要根据成交量和回头确认情况，来判断趋势线对股价是否依然存在支撑作用。

如图2-10所示，2021年10月28日达威股份创出13.00元的低点，反弹后股价开始区域振荡整理走势，在两条趋势线之间振荡整理。2022年3月15日，随着上证指数破位大跌，股价跌破底部支撑线。但随后两天股价探底后均收在支撑线上方，且成交量出现明显萎缩，因此，我们确认支撑线依然有效。

如图2-11所示，广汽集团的股价在2021年7月7日放量涨停突破高点趋势线阻力，高点压力线转换成支撑线。

图2-10　达威股份日K线图

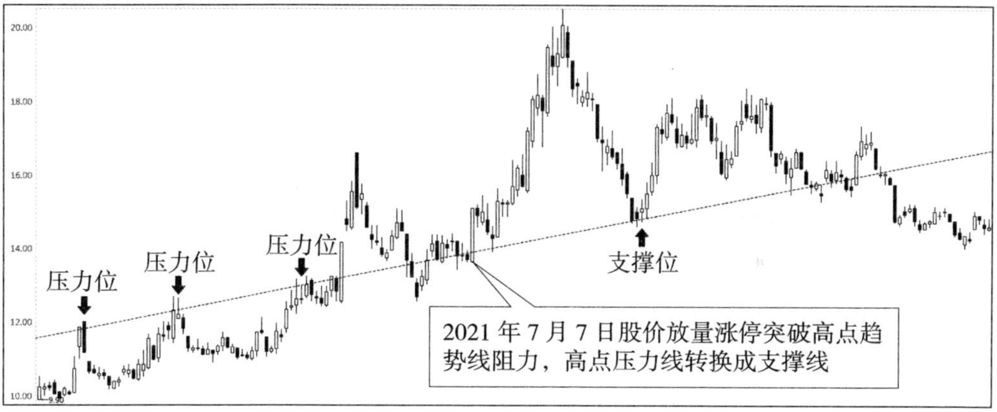

图2-11　广汽集团日K线图

股价突破高点趋势线阻力后冲高回落，并且跌破趋势线。观察两日，股价在回头确认跌破趋势线有效性的过程中重新站在趋势线之上，围绕趋势线振荡数日，这个位置也是前期高点位置，因此，我们确认前期价格突破高点压力线依然是有效的。次日，该股迅速收复支撑线，这说明支撑线仍然有效，本次破位只是主力制造的一次破位假象，投资者可以继续持有该股。

从上面两个例子可以看出，价格跌破趋势线不能立即判断跌破趋势线是否有效，要根据成交量和回头确认情况，来判断趋势线对股价是否依然存在支撑作用。很多人在有效跌破和假跌破的区分上吃过亏。有专业的投资者提出过“三日突破有效”原则，即股价突破一个位置后能够停留三个交易日以上为真突破，否则为假突破。不过，我认为这也只是提醒你注意观察跌破后的走势，不要太快作出决定而已。若是在快速上涨或下跌行情中，等到三个交易日之后再操作，可能机会已经错过了，或者损失已经非常大了。

事实上，确认真假突破主要有三点：①真突破往往有成交量放大相配合，而假突破没有；②真突破后股价反弹，收盘价应在支撑线以下；③真突破反弹时的成交量应该是萎缩的。当然，任何事都没有绝对，识别真突破还是假突破也不能太过机械，还需综合考虑股价上涨的速度、位置以及大盘环境等因素。确认真假突破是一个综合的分析过程，在实际中也可以到30分钟级别去仔细观察。

第四节　画线分析与市场情绪

趋势线作为一把尺子，是帮助投资者分析、监控价格趋势变化的有效工具。在价格运动中，能够改变价格趋势的一定是主力资金，而主力运作除资金方面的优势外，主要还是利用市场非理性情绪来实现筹码交换。主力经常在关键区域通过发布消息和技术手段诱导大众情绪，从而引发市场上非理性的上涨或恐慌性下跌，最终达到自己派发筹码或吸筹的目的。若投资者对这一过程有足够的认知，当下正是投资者跟随主力采取行动（买卖交易）的最好时机。当市场处在非理性阶段时，任何技术分析手段都是失效的，只能从金融行为学上认识这一市场现象。懂得大众投资心理，做少数派，学会价值投资，学会逆势交易。

2022年，各种利空交织，A股市场连续振荡回调，市场中一些老牌基金管理人都出现巨大亏损，普通投资者更是损失惨重。市场运行逻辑让大多数人看不明白，以新能源龙头阳光电源为例，国家光伏产业政策没有发生变化，企业自身2021年的业绩高速增长，机构预测未来三年平均复合增长率在40%以上，是处于高成长阶段的价值股，可是股价却遭腰斩，还没有止跌迹象。而市场表现相对较强的银行地产板块的投资逻辑表面上看是稳增长，稳增长也就是说当下国内外经济形势都不好，加上恒大地产出现资金链断裂，地产股闪崩，大多数人理解的稳就是别出大事，因为银行、地产板块牵扯的行业太多，依然是经济发展的压舱石。稳增长只是暂时的，大多数人不看好后市的持续行情，但股价一直在涨，让大多数人感到很迷茫。

事实上，市场永远是正确的。仔细梳理一下银行、地产板块的这波上涨行情，背后肯定有它的上涨逻辑，只是这个上涨逻辑还没有被大多数人所认知。市场向来都是这样，是少数派在赚钱，他们寻找、利用大多数人的误区在市场中赚取超额利润，这就是少数人从行为金融学角度理解、认识市场的结果。市场价格每天都在涨跌，反映的是大多数人对未来的预期，只有当大多数人对未来的预期存在较大的偏差，你才能看到市场中定价出现错误的时点，少数人在这个时候入场获得的投资收益就是超额收益。

市场是非理性的，市场的反应经常会出现偏差，有时候是极度偏差，也就是大多数人恐慌之时。大多数人对市场或对某些行业特别不看好，使得市场或某些行业的估值严重偏离价值。有时候是反应不足，比如某些行业已经出现了一些边际改善，但大多数人并不能及时反应和认知，只有少数人能抓住这些反应不足和反应过度的时间点。这些机会主要存在两个方面：①在低估值板块里寻找反应过度的机会；②在偏成长、偏高景气的行业里寻找反应不足的机会。

一、利空突发，市场走势疲弱

2022年4月，在各种利空因素交织的状态下，市场的疲弱表现让绝大多数投资者处于悲观状态。2022年一季度是过去几年来跌幅最大的一个季度，有地缘政治因素，有经济下行压力的因素，也有高估值板块杀估值，种种因素导致市场极度低迷。那是不是机会就来了呢？

事实上，市场最低点什么时候出现谁也不知道，我们只能从收益与风险比来分析，当下可以认为市场的收益与风险比已经进入一个比较好的投资区间。市场动荡让大多数投资者已经出现恐慌，但是这只是一种直观感受，和市场上的实际情况是两码事。在大多数投资者觉得市场风险很大的时候，市场的实际风险反而在变小。非理性的直观感觉是投资者恐慌的根源，越是危险的时刻，越应该理性地去分析市场的本质。这一轮调整是2021年2月份出现的，沪深300指数最高是5900点，到了2022年4月，沪深300指数是4000点左右，下跌超过30%，股价跌去一半的品种比比皆是。仔细想想，是5900点时风险大？还是4000点时风险大？

进入2022年4月，政策底已经非常明确，央行及各部委的种种表述都可以证明这一点，另一方面，从估值上看，整体估值已经接近2018年底，也就是上一轮牛市起点的水平。2018年最低点时沪深300的市盈率是9.8倍，当下是10倍，已经基本持平。政策底、估值底都是可以确定的，现在等待或一味地去寻找市场底，就好比盲人摸象，是看不到市场整体已经在底部区域这个事实的。要明白，越是在恐惧的时候，风险就会变得越小，下跌的空间是很有限的，而上涨的空间却变大了。投资者在这个时候必须对市场的周期循环、对大家的投资心理有一个清晰的认识，只有这样，才能在市场上寻找低估值板块里的过度反应机会，在偏成长、偏高景气的行业里寻找反应不足的投资机会。

二、没钱抄底与组合投资

到了入场抄底的时候，可是市场中绝大多数人却没钱抄底。这些人在市场上涨时赚多少钱不好说，但是在市场下跌时亏钱是从不会缺席的。散户就是这样一次又一次地被市场收割，当下市场中亏40％的人不在少数，这是大多数散户投资者长期以来共同的遭遇。

是市场专门收割散户吗？当然不是。少数人赚多数人的钱是资本市场永恒的定律。“你好我好大家都好”的牛市快乐时光是短暂的，很多新入市的散户都是看到周围人在股市赚钱了才进来，短暂快乐的代价是长期在牛市的高岗上职守。我经常说屁股决定脑袋，当你发现自己的观点和大多数人一致的时候，你的屁股已经坐在了散户那里。价格运动方向是由主力主导的，价格就是领导，领导已经掉头拐弯，你还不赶紧跟上，还问为什么？你的屁股没有及时坐到领导这一边，犯的是立场错误，领导不收拾你收拾谁？

没钱抄底的另一个重要原因是违背了投资中一个重要的原则——分散投资。只持有一种资产，价格运行在长期上升通道还好说，如果一不小心市场进入大级别调整，持有一种资产是很折磨人的，遇到暴雷、股灾，更是一点回旋的余地都没有。这个时候就是股神巴菲特满仓单只股票，手上又没有钱，他也会恐惧的。股市中有句话“别人恐惧我贪婪，别人贪婪我恐惧”，可是如果你没有资金，拿什么“贪婪”熊市中的便宜筹码？有的只能是“恐惧”。资本市场充满了不确定性，若想在市场中获得稳健的收益，就必须有全方位的应变对策。

长期稳定的投资收益不仅要有好的投资品种和方法，更重要的是一定要有一个长期有效的投资策略，要懂得一些资产配置和资金管理的知识。仅凭感觉、运气，或认为自己比别人聪明，是不可能获得长期稳定收益的。不把鸡蛋放在一个篮子里，是投资中最简单的一个道理。有人说了，我没放在一个篮子里，我买了四五只股票。这是还没弄清楚“篮子”的含义，“篮子”指的是两个市场，如股市和债市或股市和银行。你在股市买几只股票，包括你在银行买的股票型基金都属于一个篮子。股票+债券的组合投资（30%投资债券或银行存款，70%投资股市）才是正确的（没将鸡蛋放在一个篮子里）。当市场跌到底部区域，散户被吓到四散而逃的时候，债券资产就是你的“抄底资金”，有“子弹”可随时抄底，熊市不但不会显得可怕，甚至还会让你有点“小兴奋”，这是普通投资者比较理想的一种投资组合。还要提醒一下，股票和债券两类投资的管理权不能是同一个人，这是规矩。最后的“子弹”一定是在反复确认真的是市场底部时才能去抄底，而且抄底也要分批抄。

三、行业的边际效应改善

成长为矛，价值为盾，在过去几年的行情中体现得淋漓尽致，高景气行业、高成长股走出了一波非常强悍的行情。而2022年的风格则倒过来了，明显是价值风格在走强。这种风格转换的主要因素是进入2022年市场的不确定性太强，市场风险偏好减弱，另一个原因就是一些价值低估行业已经出现边际改善，只是大多数投资者没有能力去识别这种边际改善。对银行、地产及煤炭板块的认识还停留在老政策的基础上，对这几个板块一开始的走强认为是短期的，不敢大量、长期介入。对地产政策面的迅速好转，从半年前非常严厉的调控到现在多个城市取消限购这个变化意义的理解很难转变过来。这也是政府在非常时期采取的一种政策性急转弯，大大增强了地产行业的边际改善，地产股越走越强。

再分析一下银行板块为什么走强，难道银行股的边际效应也得到了改善？从表面上看，随着房地产的降温，市场上大多数人都不看好银行股。2021年银行的利润增长得很好，很多人还在想是不是因为2020年的基数比较低导致的，但看到2022年一季度银行的利润增长还在保持，再看看股票价格却依然处于低估值水平，估值处于历史低位。能够看到这两方面的人，加上对市场风险的认识在逐渐加强，投资银行股的人在逐渐增加，慢慢股价的上涨也增强了大家对银行股的预期，所以银行股也走得越来越好。

银行、地产都是强周期行业，一般情况下，只有在经济进入复苏周期才去投资银行、地产股票，这样才能带来超额收益。现在情况恰恰相反。但现实让我们必须仔细研究一下当下银行、地产板块这波行情的性质，是阶段性反弹，还是具有持续性的一波行情，如果具有持续性，又能持续多久。

这个问题还是离不开边际效益改善。虽然银行、地产这类强周期行业的走势跟宏观经济周期有相关性，但并不是只跟这一个因素相关，还有其他因素。以银行为例，除了大的经济周期，影响银行收益的另一个重要因素是银行的不良资产，也就是说，当银行出现大量不良资产时，当年就要计提大量的拨备，拨备会直接侵蚀银行的利润，当银行的不良资产处置压力很大的时候，就会造成银行的利润增速下降，这个时候银行的表现就是不好的。当一轮爆发处置周期过去，银行资产质量好的时候，它的收入利润就能充分转化为净利润，这个时候它的业绩往往表现得很好。

地产行业也是一样，除了和宏观经济周期相关外，与政策周期的相关性也非常高。开发商从拿地到造房、预售、交楼需要四年的时间，开发商现在拿的地，要到四年后才能确认为收入和利润，我们现在看到的地产年报其实反映的是它四年前拿地的毛利率和利润状况，这个年报是具有一定的延后性的。所以，决定地产行业股价强弱的往往不是它当前的净利润表现，而是大家的心理预期。

地产行业在2021年7月底是个低点，也是地产行业政策最严厉的时候。但无论怎么严控，房地产行业都是当前乃至今后很长一段时间的支柱行业，现在房地产行业的土地出让金与房地产行业相关的税收占了地方政府财政支出的一半左右，如果土地卖不掉，房子卖不掉，地方政府的财政支出都会受到影响。

政策的边际改善带来了投资者心理预期的改善，也带来了行业实质的变化，像2021年上半年开发商拿地积极性比较高的时候，拿地毛利率一般只有20%左右，甚至低于20%。但是到了2021年第四季度，由于大多数开发商拿地意愿不强，地价降低，龙头房企拿地的毛利率已经从20%提高到了30%，使得龙头地产股的业绩改善。虽然这个毛利率会在三四年后才体现到财报中，但这就是一种预期的边际改善，这种改善带来了地产股的上涨。

煤炭行业是因为这几年没新增产能，因为要节能减排碳中和，煤炭行业的产能受到限制，供应没有增加，但需求还在慢慢增加，就使得煤炭供需格局开始紧张，煤价处于高位。以前煤炭行业是周期波动，现在是煤炭价格在高位，产能上不来，所以煤价在高位稳住了，煤炭行业的利润就会在高位持续很长时间，这就是煤炭行业的边际改善。这些行业都是大家过去不看好的行业，但我们研究下来觉得市场反应过度了。

四、用同类同量级市值比较评估企业的估值

市值是体现企业量级的一个参考指标，同类企业的量级对比对于企业的估值来讲是非常具有市场意义的。如同样是影视制作与发行企业，国内的华谊兄弟市值419亿元，折合约68亿美元，而美国梦工厂（DWA）的市值是25亿美元。另外，华谊兄弟2012年收入为13亿元（2.12亿美元），同期梦工厂的收入为2.13亿美元。这两家公司的收入在一个量级上，而市值量级却不在一个水平上。由此推测，华谊兄弟可能被严重高估。当然，高估值体现了市场预期定价，高估低估不构成买卖依据，但这是一个警示信号，精明的投资者可以采取对冲套利策略。

常见的市值比较参照物：①同股同权的跨市场比价，同一家公司在不同

市场上的市值比较，如AH股比价；②同类企业市值比价，主营业务基本相同的企业比较，如三一重工与中联重科比较；③相似业务企业市值比价，主营业务有部分相同，须将业务拆分后做同类比较，如上海家化与联合利华比较；④企业价值（EV），企业价值=市值+净负债。企业价值的绝对值参考意义不大，它通常与盈利指标组合，用来反映企业盈利、净负债与市值之间的关系，如EBITDA（息税折旧摊销前利润）/EV指标用来比较相近企业价值的企业获利能力。

第三章

趋势线

趋势线是道氏理论在 K线走势图上的直接体现，特点是简单、直观、实用性强。在以往的技术分析丛书中，将趋势线分为上升趋势线和下降趋势线，我认为以放出巨量的点位画出的水平支撑线与压力线也属于趋势线范畴，其作用及应用方法与趋势线是一样的。

第一节　二波结构理论

实现量化分析必须有可靠的基础数据，而数据的来源是价格生长的初始结构，只有确定初始结构，才能确定计算未来增长空间以及时间之窗的初始数据。因此，我们必须首先确定一个初始结构模型。

化繁为简是我分析、处理价格形态结构的原则。价格形态是多空双方博弈的一个过程，在这个过程中，最简单的形态结构是二波结构，上、下或下、上的二波结构是价格运动最基本的结构，是技术分析的最小单位，也是我们研究初始结构模型的基础。

笔者将初始结构模型命名为“WZ结构”，其中W指起始点的股价，Z指初始反弹波终止点的股价。“WZ结构”是实现量化交易的基础，后面很多概念都要用到。二波结构是构成“WZ结构”的最小组件，一定要熟记并弄懂二波结构及与其相关的多空循环结构。

一、二波结构定律——形态结构生长逻辑

定律一：二波结构是价格运动最基本的结构，是价格分析的最小单位，内部结构是一个完整的多空博弈过程。

定律二：二波结构的内部结构是3-3或5-3多空循环结构，是交易级别，是确定买卖点、止损点的操作级别。

定律三：二波结构包括两种走势结构——推动波和调整波。以上升趋势为例，二者的区别是推动波的终点不能低于前一个推动波的高点，否则为调整波。如果推动波与前一个推动波的高点有重叠，则是对前一个推动波趋势的确认，如果确认前一个推动波趋势成立，这个推动波与调整波重新组合成一个新的二波结构。另外，**推动波的次级别通常是5-3结构，调整波的次级别通常是3-3结构。推动波的语言表达是行情的持续，调整波的语言表达是盘整确认。**

如图3-1所示，Ⅰ、Ⅳ为推动波，Ⅱ、Ⅲ、Ⅴ为调整波，由Ⅰ、Ⅱ、Ⅲ三个二波结构合并成一个新的二波结构，同样，Ⅳ、Ⅴ两个二波结构合并成一个新的二波结构。

图3-1　二波结构中的推动波与调整波

价格运动的本质就是推动成长，成长确认，如果确认成功，继续沿着确认趋势成长；如果确认失败，趋势反转，形成新的趋势。二波结构是我们从形态结构上判断价格趋势的一个重要依据，应用上比波浪理论简单可靠。

二、二波结构与多空循环结构

二波结构是我学习、研究波浪理论时发现、总结、创立的形态结构分析理论。价格运动过程的本质是一个接一个的多空博弈过程，**二波结构是多空博弈最基本的结构，反映的是一个完整的多空博弈过程，是价格分析的最小单位**。研究二波结构的特性，对认识价格运动的本质有着特殊的意义。

1.二波结构与多空循环结构的定义

二波结构：将上、下（下、上）的二波走势称为“二波结构”，见图3-2中细线。

多空循环结构：二波结构的内部结构是一个完整的3-3或5-3多空循环结构，将这个内部结构3-3或5-3结构称为“多空循环结构”，见图3-2中粗线。

3-3或5-3两种结构（二波结构）统称为最小的多空循环结构单位，用Ⅰ、Ⅱ、Ⅲ、Ⅳ、Ⅴ……或多空循环Ⅰ、多空循环Ⅱ、多空循环Ⅲ、多空循环Ⅳ……表示。

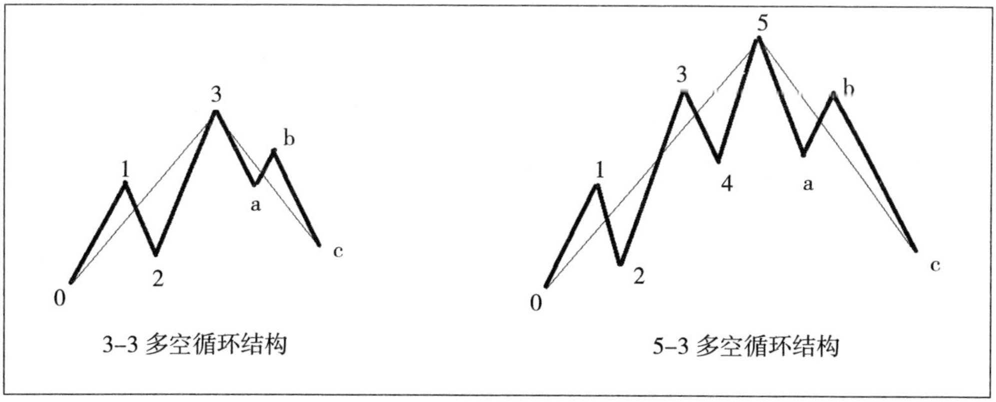

图3-2　二波结构与多空循环结构

2.二波结构与多空循环结构的含义

3-3结构的含义：二波结构内部是一个3-3多空循环结构，其含义是表示趋势为盘整走势，属于整理结构。

3-5结构的含义：二波结构内部是一个五波推动浪和一个三波调整的5-3多空循环结构，其含义是表示趋势的延续性，属于趋势结构。

3.二波结构分析法

将二波结构的次级别3-3或5-3两种结构统称为最小的多空循环结构单位，当两个以上的最小多空循环结构单位完成后，就可以依据最小多空循环结构的起点和终点，以及由起点和终点连线构成的速率线，来对比它们之间多空力量的变化，判断力量变化方向，推断出下一个最小多空循环走势的方向，可以重复延续下去。分析、判断的理论基础依然是道氏理论关于趋势判断的两个理论，方法具有很强的逻辑性和可复制性。我将这种分析方法称为“二波结构分析法”。

三、多空循环结构分析方法的应用

案例1　信维通信

如图3-3所示，信维通信从2017年11月20日起开始调整，经过Ⅰ、Ⅱ两个日线级别的多空循环后，我们对比一下Ⅰ、Ⅱ两个多空循环结构的下跌力度。多空循环Ⅱ下跌浪123明显小于多空循环Ⅰ的下跌浪，而多空循环Ⅱ反弹浪abc却大于多空循环Ⅰ反弹浪，多空循环Ⅱ中a点已经高于多空循环Ⅰ的最低点（b点），当Ⅲ多空循环下跌浪123完成后，与多空循环Ⅱ对比一下，很明显已经不再创新低。多空循环Ⅲ的b点是一个经过三波结构确认的买点，而且Ⅰ、Ⅱ、Ⅲ连续三个多空循环结构已经升级为一个周线级别的多空循环结构。多空循环Ⅲ的b点也是一个确定性向上趋势的起点，是确认性买点。

这个例子是日线级别的多空循环结构。在实际应用中，我习惯在5分钟级别上用这种方法感悟多空力量变化，监控买卖点。因为感悟这个东西，不是讲，是要深入到小级别价格变化中慢慢体会的，是一种很实用、很简单的方法。

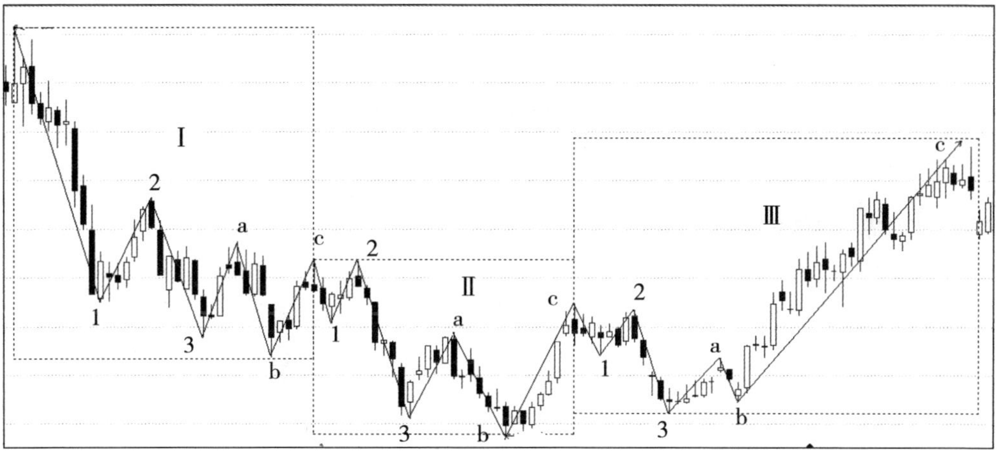

图3-3　信维通信多空循环结构图

案例2　5G ETF多空循环结构分析

如图3-4所示，2020年3月30日创出低点0.978元，经过多空循环结构Ⅰ，多头明显占上风，c点成为确定性2类买点，结合上升趋势通道线，在趋势通道下轨1.05元建立日线级别四成仓位。之后，价格经过多空循环结构Ⅱ的第1推动浪突破中轨及上轨，回头确认时，在中轨2点附近增加五成仓，总仓位九成仓。当价格达到1.496元高点后，开始调整。我们使用多空分界线判断趋势是否终结，判断卖点，当价格跌破多空分界线时，去30分钟级确认一下，卖点出现，1.426元卖出八成仓位。

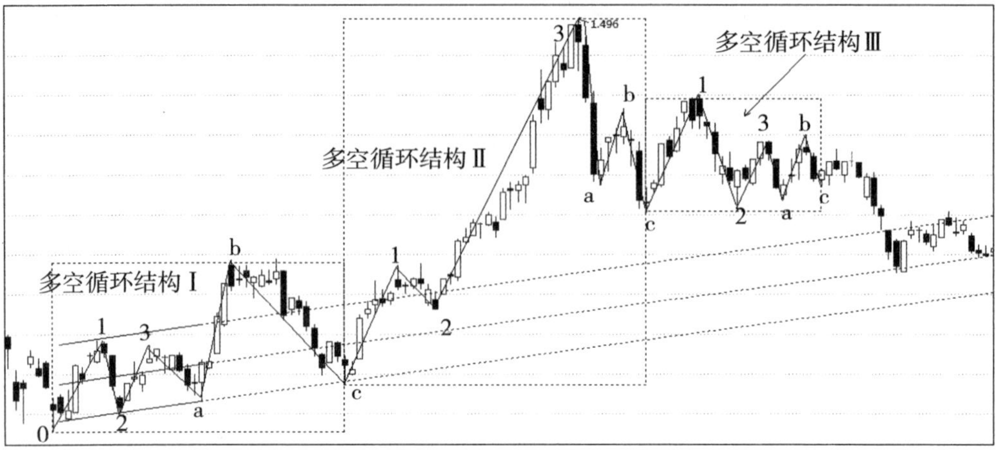

图3-4 日线级别多空循环结构

四、二波结构与趋势线

二波理论是对形态最简单、最基本的描述，而趋势线是对趋势最简单、最直接的描述，二者结合，从趋势和形态结构两个维度上对价格走势进行分析，其结果更加可靠。

如图3-5所示，通威股份在2020年3月24日走出10.78元后，走出了一波上涨行情。2点为第1波调整低点，4点为第2波调整低点，连接这两个低点，

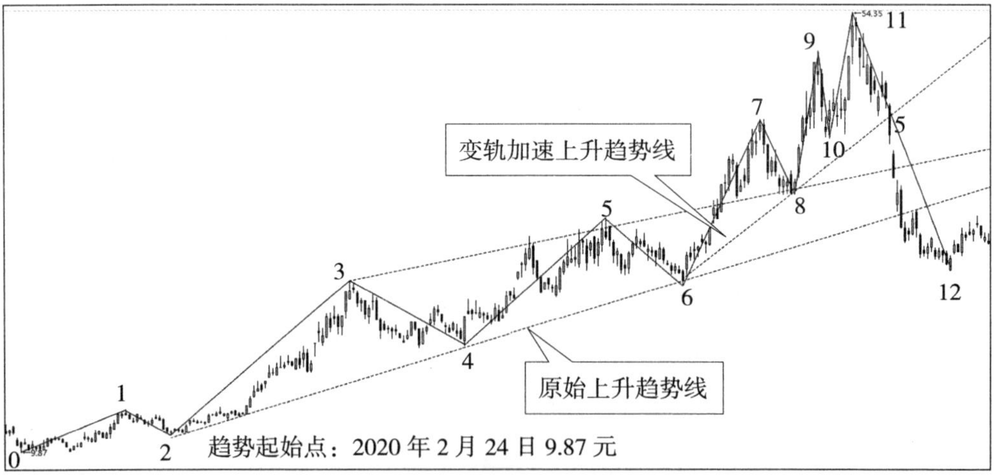

图3-5 通威股份日K线图

形成了原始上升趋势线。之后股价回落得到趋势线支撑，形成6点后重新上攻，这次上攻股价突破顶点压力线的压制，突破后回头确认得到支撑，开启加速上扬，连接6点、8点形成变轨后的趋势线。

画出趋势线后，我们将趋势线的高、低点连接起来，并将这些高、低点的连接线按二波结构划分。线段01和12、线段23和34、线段45和56、线段67和78、线段89和910、线段1011和1112分别构成6个二波结构。不难看出，所有二波结构的高点都在逐渐抬高，低点从0到10也都在逐渐抬高，也就是说，前5个二波结构的终点都高于起点，均为多头态势。

如果计算一下所有二波结构中的调整段就会发现，所有调整段的调整幅度都小于上升幅度的50%，只有最后一个二波结构，不仅上升幅度远小于前面几个二波结构的上涨幅度，调整幅度还远远大于前面几个二波结构的调整段，第1个回合调整幅度就超过了50%，30分钟级在跌破53.3元时已经发出了明确的卖出信号。日线级别上调整的第1个回合正好触到变轨加速上升趋势线上反弹，反弹力度极弱，没有重新站在日线多空线上方，这是明显的卖出信号。这个例子如果按我们前面讲的跌破趋势线的三日确认法，损失就大了。

两个二波结构完成后，就可以对比它们之间多空力量的变化，并依据这个力量变化方向，推断出下一个二波结构走势方向。这是一个可重复延续下去的结构逻辑分析方法。

我们将二波结构的起点与终点连线称为速率线，应用速率线的斜率就可以判断价格走势方向：①二波结构速率线在±23°区间，价格处于振荡态势；②二波结构速率线大于23°，也就是回调幅度小于61.8%，趋势则延续，将产生第2个向上二波结构；③二波结构速率线在0～23°之间，趋势将出现反转（假定第1个二波结构是多头态势）。

第二节　上升趋势线与下降趋势线

前面讲了，趋势线所体现的本质是道氏理论，股价上涨时，每次回调至趋势线位置，便会重新上升；股价下跌时，每次反弹至趋势线位置，便会重新下跌，这一运动过程完全遵循道氏理论：①多头市场由一系列不断上升的高峰与不断上升的谷底组成，称为上涨趋势。价格调整只要不破前低，就不能轻易判断上升趋势结束。②空头市场由不断下降的高点和不断下降的谷底组成，称为下跌趋势。反弹只要不突破前高点，就不能判断下降趋势结束。如果后面的波峰与波谷与前面的波峰和波谷基本持平的话，则称为振荡趋势，或者横盘趋势，或者无趋势。趋势线主要包括上升趋势线、下降趋势线和横向趋势线三类。

一、上升趋势线

上升趋势线是指在股价的上涨趋势中，连接最突出的低点形成的支撑线。一般情况下，上升趋势线一旦形成，就会对股价产生一定的支撑作用，当股价回调到上升趋势线附近时，往往会有大量买盘涌入，从而使股价再次回升。只有当股价向下跌破上升趋势线，且经确认跌破有效时，上升趋势线的支撑作用才会消失。在所有上升趋势线中，3种趋势线最为重要：①趋势线运行的时间越长、周期越大，趋势线的支撑作用就越强；②股价沿趋势线上涨过程中，回调触及趋势线后上涨的次数越多，趋势线的作用越强；③接近45°角的趋势线的支撑作用要强于其他角度的趋势线。

二、下降趋势线

下降趋势线是指在股价下跌趋势中，连接最突出的高点形成的阻力线，如图3-6所示。一般情况下，下降趋势线一旦形成，就会对股价产生一定的阻力作用。处于下跌过程中的股价，每次反弹到下降趋势线附近时，往往会有大量卖盘涌出，从而使股价再次回落。只有当股价向上突破下降趋势线，且被确认为有效突破时，下降趋势线的阻力作用才会消失。

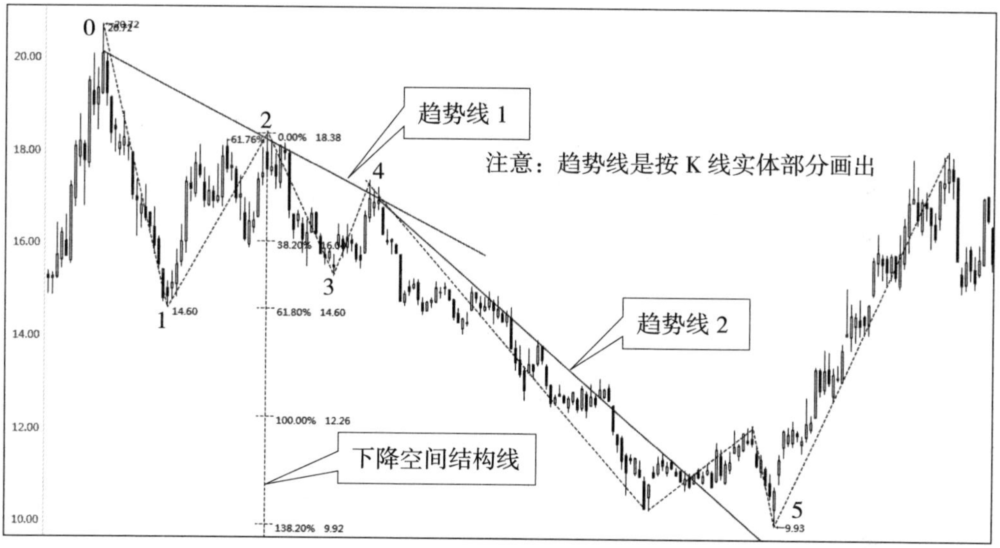

图3-6　广汽集团日K线图

在所有的下跌趋势线中，有3种趋势线最为重要：①趋势线运行的时间越长、周期越大，趋势线的阻力作用就越强；②股价沿趋势线下跌过程中，回调触及趋势线后继续下跌的次数越多，趋势线的作用就越强；③接近45°角的趋势线的阻力作用要强于其他角度的阻力线。

三、水平支撑与阻力趋势线

水平支撑与阻力趋势线主要有3种：①跳空缺口支撑与阻力线；②某一价位在短期内放出巨大成交量形成的支撑与阻力线；③振荡区域（成交密集

区域）平台的上、下轨线。

（1）上升趋势中跳空缺口形成的支撑作用如图3-7所示。下跌趋势中跳空缺口形成的反压作用也一样，这里不再举例。

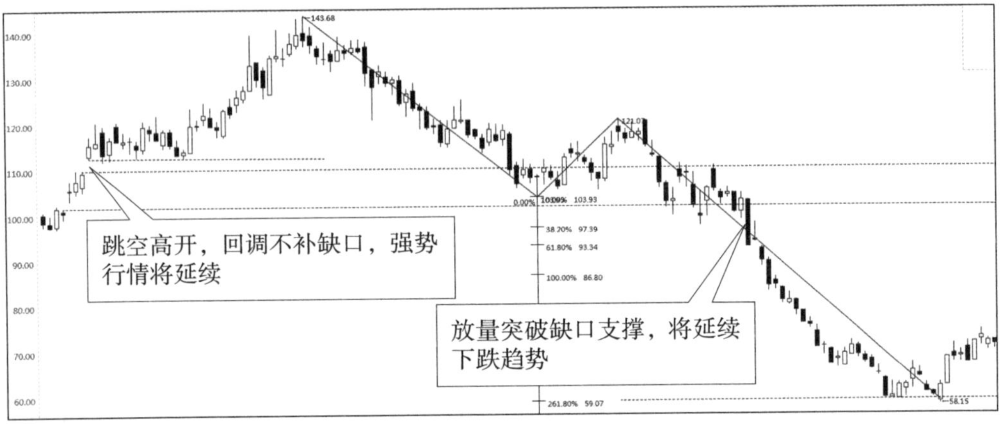

图3-7 闻泰科技日K线图

（2）如图3-8所示，北摩高科第一次放量突破前期平台，突破位置放出的巨大成交量对后期股价有很强的支撑作用，形成一个平台支撑线。如果放

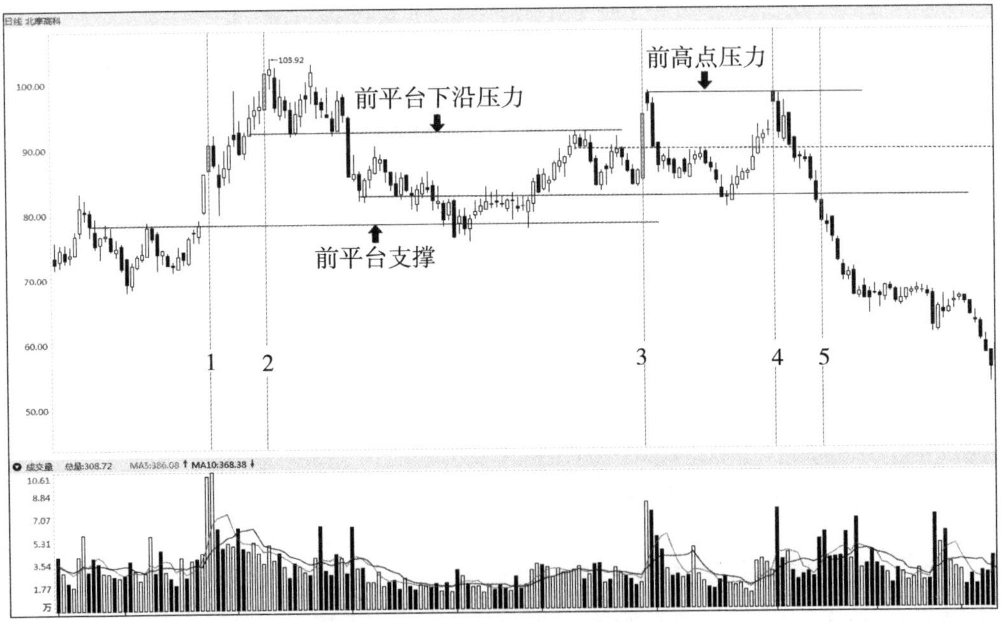

图3-8 北摩高科日K线图

量跌破这个平台支撑线，后势将向下扩展最少1:1等长空间，如5点处，股价前期平台上轨、下轨对价格的压力与支撑作用相当明显。读者最好到K线图上仔细研究一下平台上轨、下轨及成交量对股价的支撑与压力作用。无论是5分钟级别还是30分钟级别以及其他级别，放出巨大成交量的位置，振荡区域平台的上、下轨都是短线压力与支撑位。

四、趋势线的预判作用

对于交易者来说，趋势线在市场未来走势预判方面具有重要的作用。概括起来，主要包括两类：①对股价未来整体走向的预判；②对股价短期走势及买卖点位的判断。

（1）研判股价运行趋势。顺势者昌，逆势者亡，股市就是一个能够让你赚得盆满钵满，也能让你亏得一无所有的场所。要想在股市中立足，首先必须准确判断股价的运行趋势，趋势对了，后面的操作也就容易了。趋势线是帮助交易者判断股价运行方向的一种简单的工具。

上升趋势线可监控正处于上涨过程中的股价运行是否正常，以确保在价格跌破上升趋势线，趋势被破坏时及时卖出。下降趋势线可监控正处于下跌过程中的股价什么时候结束下跌趋势，什么时候出现趋势反转及介入点。

（2）趋势线周期与中长线投资。趋势线按照周期长短可以分为长期趋势线、中期趋势线和短期趋势线。长期趋势线指的是周线以上级别的运行趋势，短期趋势线则反映了30分钟级别以下股价的短期运行趋势。交易者可以根据自己的操盘习惯、时间，结合各级别趋势线研判股价未来的运行方向，制订操盘计划。如有的交易者喜欢做短线，就需要依据5分钟或30分钟趋势线进行交易。如果平时工作忙没时间看盘，喜欢做长线投资，就必须依据日线或周线级别的趋势线进行交易。

第三节　应用趋势线确定买卖点

处理趋势线上的买卖点离不开它的次级别走势结构。假定上升趋势线是日线级别，当价格冲高遇阻回落到趋势线附近时，考验你的时刻就到了。是加仓还是减仓，加仓加多少怎么加，减仓又减多少怎么减，这些具体问题的操作与技术分析是两码事，具体操作除技术分析外，还包括操作级别、操作策略、持仓比例以及资金管理等问题。这个问题很庞大，也很复杂，而且因人而异，这里只从技术分析角度给大家讲述一下大致的方法。

一、买点与趋势线、成交量的关系

如图3-9所示，2021年11月3日杭萧钢构创出低点3.40元后走出了一波行情，1、2点确立后，连接0点、2点两个低点，形成上升趋势线。该股的关

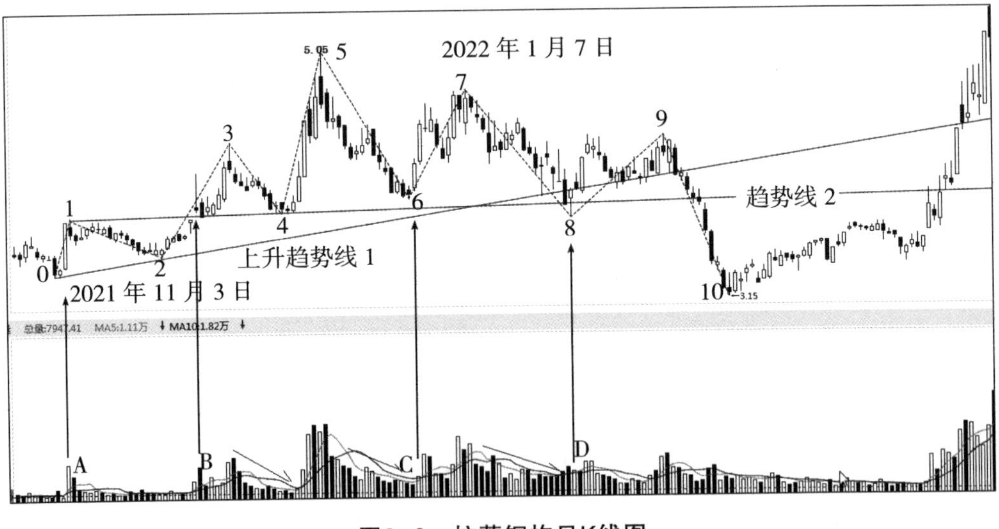

图3-9　杭萧钢构日K线图

键走势是2021年12月6日、7日，连续两天跳空高开，7日跳空高开突破前面第一波的高点，并在接下来几日的振荡中并未回补7日跳空缺口，强势特征明显。

经过对日线大的结构、趋势分析后，实际交易是在60分钟级别上完成的。如图3-10所示，经计算2浪回调幅度为1浪的71.30%，完全符合1、2浪的同级别调整比例关系。当价格突破60分钟级别调整趋势线，我们在60分钟多空线上方A点处建立三成仓位。事实上这个点位也是日线多空线位置，价格站在日线多空线上方，且日线多空线已成金叉状态，小级别与大级别同时呈多头状态，上升趋势明显。只是此时日线级别多空线刚刚走平成金叉，上攻态势还不明显，因此，我们只建立三成仓位。

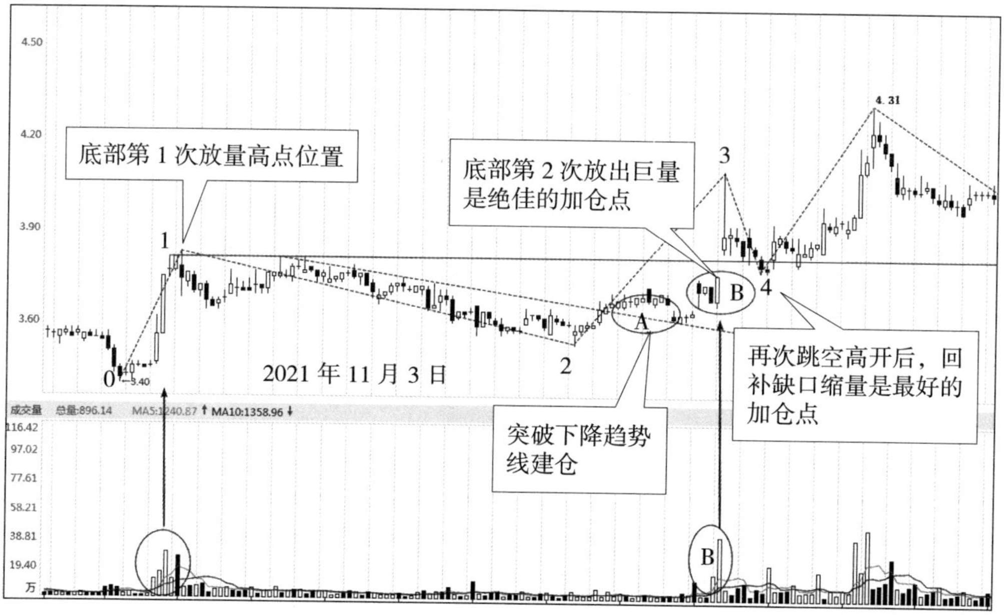

图3-10　杭萧钢构60分钟K线图

2021年12月6日，尾盘再次放量并突破前面第一波的高点，强势特征明显，在收盘价再次加三成仓。第二天股价高开低走，60分钟上连续两次下探，均未回补缺口，我们再次在4浪低点加仓。在这个建仓过程中，我们在价格突破下降趋势线建仓，突破水平趋势线加仓，回头确认突破水平趋势线成功后，再次加仓。在这个过程中，最为关键的还是到小级别上观察价格走势的细节，最主要的是观察成交量放量的位置，以及价格突破这个放量位置后回头确认的情况。通过对15分钟、60分钟K线的观察，更能具体地发现放出巨量的位置。对放量价位的观察，重点是观察价格后期走势与放量位置的关系，这是判断主力意图最主要的依据，是投资者应该仔细琢磨的地方。

主力通过分析散户心态，诱骗散户割韭菜，散户也可以通过盘面分析主力行为意图，摆脱散户思维，跟随主力挣钱。

二、应用二波结构、趋势线、成交量确定卖点

如图3-11所示，为广汽集团60分钟K线图。2021年7月28日，广汽集团自12.80元的低点走出一波上升行情。分析价格走势寻找买卖点仅靠趋势线

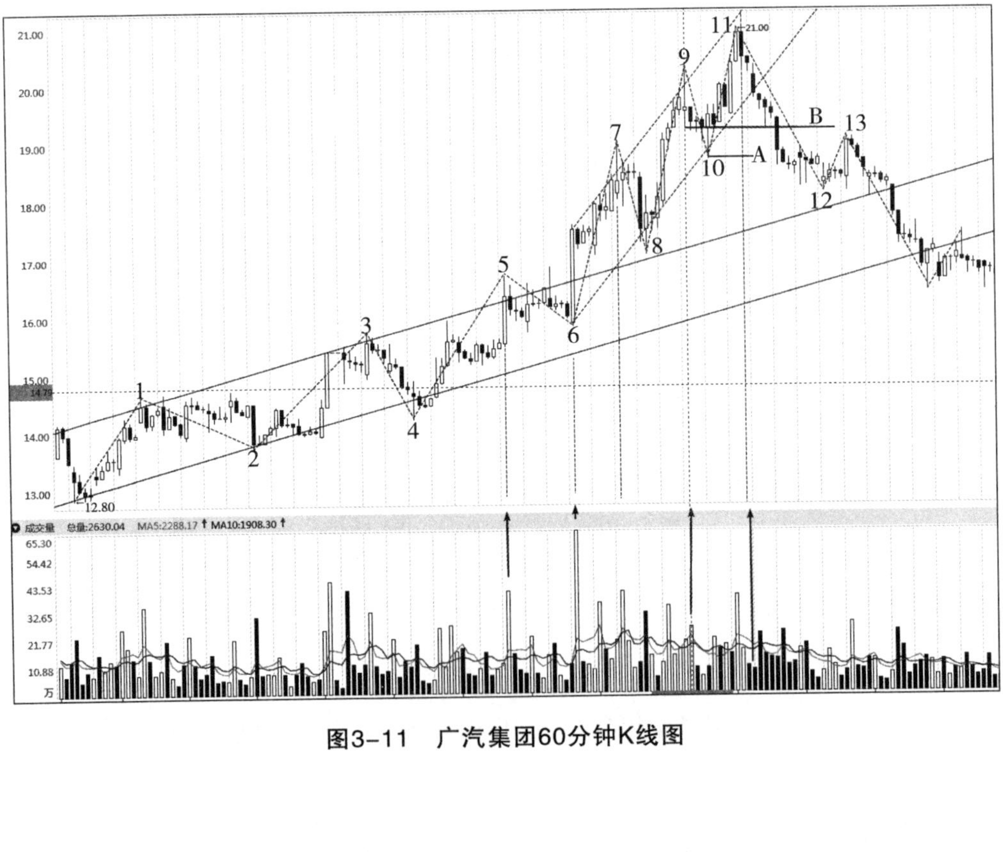

图3-11 广汽集团60分钟K线图

是不够的，必须结合价格形态结构走势分析。前面讲的二波结构就是最简单的形态结构分析法，现在我们应用二波结构来分析、确定这波行情的卖点。

（1）画趋势线。相对于趋势线，我更喜欢应用平行通道线。当确认第1个二波结构（0～1段和1～2段）调整浪结束，连接起始点0和2点形成直线，并将平行线向上移动到1点处，形成第一个上升平行通道线。经过第2个二波结构（2～3段和3～4段）的确认，平行通道线是有效的。

（2）价格走势分析。由图中可以看出，第3个二波结构（4～5段和5～6段）放量突破平行通道上轨，这次突破得到了第4个二波结构（6～7段和7～8段）的确认，第4个二波结构调整低点没有回到原平行通道内部，价格上升趋势出现变轨加速现象。

（3）画变轨趋势线。我们用第4个二波结构的起始点、最高点和终点画出变轨后的上升平行通道线，这个上升平行通道线同样得到了第5个二波结构（8～9段和9～10段）的确认。

（4）上升趋势出现转折。上升趋势在第6个二波结构的调整浪中发生变化，调整幅度已超过73%的正常调整幅度，且价格跌破变轨后的上升通道线下轨支撑，这向我们发出了警示。对比一下变轨后第4个、第5个二波结构的上涨力度，第6个二波结构的推动浪明显小于前两个，而调整浪却大于前两个，这是上涨力度衰竭的表现。当第6个二波结构的调整浪跌破推动浪的起点时，第6个二波结构则转化为空头态势。自此，趋势线、形态结构都发出了明确的卖出信号。

（5）应用成交量最后确认。看一下成交量就会发现，第4个、第5个、第6个二波结构的成交量是在逐波下降的，与价格上涨趋势形成明显的量价背离态势，最高点11的成交量相对前根K线成交量萎缩一半多，成交量的背离进一步确认了价格上升趋势的衰竭态势。再回头看一下平台结构走势，价格跌破第6个二波结构起点后，12～13段反弹根本没有接触前期放量低点B

位置，也进一步确定了价格走势进入弱势。

三、二波结构是一个完整的多空博弈过程

股市是多种力量博弈的场所。主力与散户之间的博弈，新庄与老庄之间的博弈，多空双方的博弈，都是通过最简单的二波结构完成的。价格走势则是博弈结果最直观的体现。当多方占据优势时，股价就会上涨；当空方占据优势时，股价就会下跌。趋势线则是监督多空双方力量变化及主力意图的分界线。

多方占据优势，拉动股价上涨，并随着股价的上升，获利盘也会越来越多。当股价上升到一定高度时，获利盘涌出的会越来越多，直至空方占据优势。此时，多方主力面对抛压也不会强行拉升，也需要先获利了结一部分筹码，一方面降低持仓成本，另一方面可以挤出一定比例的获利盘。股价自然出现回调，股价回调到一定程度后，松动的获利盘已经消耗殆尽时，多方就会重新拉升股价。这时股价 K线图上就会形成一个明显的拐点，价格就会反反复复慢慢恢复上涨，你会发现后面的低点会明显高于前一个低点，这是多方从市场持仓成本角度考虑造成的。如果低于前一个低点，可能导致后进入者的成本低于自己，造成操盘计划失败。将多个低点连线，就构成了一条上升趋势线。下跌趋势线的形成与此相反。

上涨趋势中，股价有效跌破上升趋势线，说明多空力量对比发生了根本性的逆转，多方已经无力再次拉升股价。股价跌破上升趋势线，也会导致人气涣散，当股价下跌至主力持仓成本以下，空方力量开始占优，股价将从上涨趋势转为下跌趋势，交易者应尽快离场。

四、心理作用的结果

多空双方博弈的过程本身也是一场心理战，趋势线形成后，无论对散户

还是对主力来说，都具有一定的暗示作用。在上涨过程中，股价回调到上升趋势线附近时就会止跌上涨，前期空仓观望者便会进场抢筹，造成股价回升。在下跌过程中，股价反弹至下跌趋势线附近时，持仓者也会基于同样的考虑，抛出部分筹码，以防止股价重归下跌通道。

这就如同一个物体被抛向空中，所有人都知道它会落下来，只是不清楚它的高点在哪里。股价也是同样的道理，无论是上涨还是下跌，都会有一个转折点，在没有人清楚这个转折点的位置时，趋势线就充当了这一指示性的角色。在上升趋势中，股价下跌到上升趋势线位置时，就有可能重新恢复上涨；在下跌趋势中，股价反弹至下降趋势线位置时，会遇阻反转继续下跌。久而久之，这就成了一个反反复复不断强化的过程，直到有一天价格突破趋势线，并经过确认出现反转，趋势才能改变。

第四节　阶段性高低点构成的水平压力与支撑

前期高点或低点均是重要的水平压力位与支撑位，是最重要的技术分析点位。想一想什么人能卖在最高点、买在最低点？显然不是散户。

一、阶段性高点的形成

所谓的阶段性高点，就是上涨行情中的转折点，是股价由上涨转变为下跌的点位。阶段性高点区域是主力诱导散户接盘的区域，主力利用消息面和技术面都处于最佳状态，吸引大量散户接盘。一个阶段性高点区域的形成，其所对应的是成交量的堆积，也就是说，在一个狭小的区间内，主力与散户进行了充分的筹码交换。阶段高点区域的形成是大量散户筹码堆积的过程，一旦价格跌破这个区域，就会形成大量的套牢盘，被套牢的投资者只有一个心愿，就是解套。

基于基本面良好，主力资金为长线资金，主力将股价打出一个空间后，会在相对低位吸筹，然后拉升洗盘。当股价自下而上来到前期高点位置时，有两种力量要卖出，一是前期套牢盘，二是短期获利盘。一般情况下，价格上涨第一次返回到前期高点区域时，肯定会有大量卖盘涌出而导致股价回落。第二次也可能是这样冲高回落，再冲高再回落，该阻力线就得到了确认。当大多投资者都认为这个阻力线肯定过不去而将股票卖出时，股价就可能顺利地向上突破前期高点，在突破过程中，主力会全部接下余下的前期套牢盘筹码，这样该阻力线就成了新的支撑线。这也正是股价向上穿越阻力线时伴随巨大成交量的原因。同时，突破点位也就成了加仓点。

二、阶段性低点的形成

所谓的阶段性低点，就是下跌行情中的转折点，是股价由下跌转变为上涨的点位。这是庄家或主力开始吸筹的点位，也是一些不坚定的散户开始割肉离场的点位。大多数散户是不愿意割肉离场的，一个又一个阶段低点对应的成交量都是非常低的。当肯卖出的人少之又少，出现绝对地量，主力在低点区域买不到筹码，就会向上拉升一个台阶。经过一段振荡，看好该股的散户越来越多，开始陆续建仓，股价后期的上涨也成为必然。当股价涨到前面最后一波反弹的高点处，就会面临双重卖压，出现二次探底现象，二次探底愿意卖出的人会更少，毕竟该离场的早已经割肉离场了。股价回落到一定程度时，短期获利出场的人又会重新入场。前期建仓的主力或庄家也会再次进场抢筹，股价就会恢复上涨，二次回探的低点也就成了股价的支撑线。

股价二次探底时，需要特别注意市场环境，如果市场环境处于疲惫状态，主力不愿意护盘，股价会再次向下跌破低点支撑线，如伴随较大成交量的放出，股价将再次向下打开一个与反弹幅度相当的空间。因此，二次回探的低点也是新建仓投资者的止损点。

三、水平压力线、支撑线

前面讲了阶段性高点、低点的形成，由于阶段性高点、低点区域都有大量的筹码堆积，因此，阶段性高点、低点就构成了水平压力线、支撑线，而这些阶段性高点、低点也是日后分析价格趋势转换的关键技术分析点。

如图3-12所示，2022年3月24日，国际原油从116.64美元开始向下调整，1点是第一波调整低点，经反弹后再次向下跌破1点。油价在下跌到波浪尺100%、161.8%位置时形成一波反弹，第一波调整低点1就成了反弹的最大水平压力位。

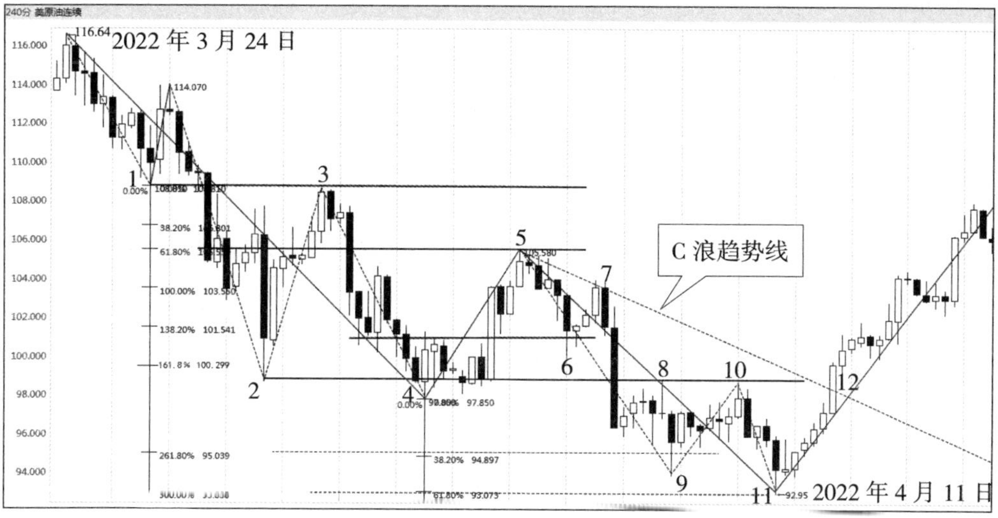

图3-12　国际原油240分钟K线图

价格反弹至3点受阻选择向下，在前低2点（波浪尺161.8%位置）得到支撑，形成终结点4点，又展开了一波反弹。反弹的最高点5点是前期平台筹码密集成交区域中心，受阻回调的支撑点6点是前期振荡区域平台上沿，而再次反弹的最高点7点则是前期振荡平台下沿，这波反弹是对5点形成的下跌趋势的回头确认，确认后又形成了一波更猛烈的下跌。

价格跌破前低点4点之后，反弹高点8点、10点均受制于前低点4点所形成的水平压力线，而当12点突破4点所形成的水平线时，石油价格又进一步扩展了这波反弹上涨行情。

由这个例子可以看出，石油价格跌破1点之后，在波浪尺空间结构重要点位上受到支撑，而反弹到每一个前期低点处受阻回落，直至价格反弹突破C浪下跌趋势线，才走出一波反转行情。

四、水平支撑线、压力线的操作意义

对于交易者来说，阶段性高点、低点形成的水平压力线和支撑线，在市场未来走势预判方面具有重要的作用。概括起来主要包括两点：①对股价未来趋势拐点的预判；②是股价短期波段操作的重要交易点位，是买卖点位判断的重要依据。

（1）研判股价运行趋势。顺势者昌，逆势者亡，准确判断股价运行的趋势是获利的基础，趋势对了，后面的操作也就容易了。水平压力线、支撑线是帮助交易者在关键位置判断股价是否能向上突破，还是进入衰竭的一种简单的工具。水平支撑线可监控正处于上涨中的股价运行是否正常，是向上突破还是进入受阻衰竭，突破则是加仓机会，衰竭则需及时减仓卖出。

（2）趋势线周期与中长线投资。水平压力线、支撑线，按照周期长短可以分为长期水平压力线、支撑线，中期水平压力线、支撑线和短期水平压力线、支撑线。长期水平压力线、支撑线指的是周线以上级别的运行趋势，短期水平压力线、支撑线则反映了30分钟级别以下的股价短期运行趋势。交易者可以根据自己的操盘习惯、时间，结合各级别趋势线，研判股价未来运行的方向，制订操盘计划。如有的交易者喜欢短线做T，那就需要依据5分钟或30分钟水平压力线、支撑线进行交易。如果平时工作忙没时间看盘，喜欢做长线投资，就必须依据日线或周线级别的水平压力线、支撑线进行交易。

第五节 水平支撑线、压力线的画法及应用

由各个级别阶段性的高低点构成的水平压力线、支撑线的画法比较简单，就是选择各个级别阶段性的高低点，尤其是伴随成交量放大、萎缩的高低点位作为关键点位，然后向右画一条水平的直线就完成了。

一、上升趋势阶段性水平压力线、支撑线

1.水平压力线、支撑线的画法及指导意义

很多投资者买入股票后，对股价在什么位置会遇到阻力，什么价位做T，以及什么时候做大波段卖出股票拿捏不准，这时就可以借助水平线来分析决策。

正如前面讲的，各个级别上的阶段性高低点都有可能对股价上涨、下跌造成一定的压力和支撑作用。操作上，投资者可将股价上升（下降）过程中，上（下）方所有的水平压力线、趋势线都画出来，并根据价格到达某一阻力位置的情况，来判断是否需要卖出股票。

如图3-13所示，阶段性低点1、2、3、4都构成股价上涨的水平压力，其中1点形成时间最长，经过确认的次数也最多，压力也就越大。股价向上反弹突破4点水平压力线，4点这条水平压力线就转变为支撑线，同样，突破上面哪条水平压力线，哪条水平压力线就转化为支撑线。反过来，价格到达某一条水平压力线就停止不前，产生振荡，就应减掉部分仓位。任何两条直线之间都可能形成振荡走势，都可能是短线做T区间，但应注意在股票市场中，下跌趋势做T很难。应选择大趋势（日线级别）为多头趋势，小级别出

现调整逢低买入、逢高卖出，小级别（5分钟）做区间T+0交易。

注意：在操作上，价格反弹没有突破下降趋势线，反弹没有突破前高点，下降趋势将延续。这里讲的只是支撑位与压力位的关系，操作上趋势是最重要的，应采取右侧交易法交易。

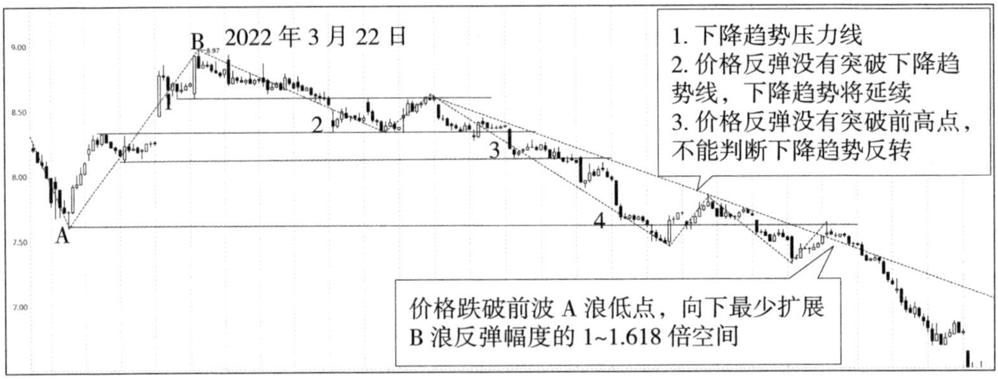

图3-13　格林美30分钟K线图

2.上升趋势水平线应用原则

（1）趋近原则。越是近期形成的高点，对股价上行的压力越大，尤其是放出巨量的关键点位所构筑的水平压力线，对股价的阻力作用会更大。低点对股价下行的支撑作用也一样。

（2）趋同原则。前期高点或低点中，相差不大的点位可以看成同一点位。

（3）要点优先。股价在前期运行中形成多个高点或低点，可以按照这些点位的重要性排序：①股价遇阻或遇支撑次数；②该点位的成交量大小；③该点位是否为整数点位；④该点位为前期最高价。选择其中比较重要的点位画出水平线。

3.上升趋势水平线对交易的指导意义

（1）力量强弱。经确认股价成功突破某一水平阻力线，前期这个水平阻力线的阻力越强，转换为支撑线后的支撑力量也就越强。

（2）突破遇阻。股价在突破某一阻力线时遇阻回调，若伴随成交量的放大，则投资者应该考虑暂时卖出股票以回避风险。

（3）突破成功。经确认股价携量成功突破某一水平阻力线，投资者应考虑加仓。

（4）假突破。若股价突破某一阻力线后，迅速回落至阻力线下方，则视为突破失败或假突破，投资者应考虑及时卖出股票或清仓。

如图3-14所示，2014年12月22日，江苏索普的股价创下阶段性低点5.38元后，开始振荡上涨。为了观察、掌握股价上涨过程中的阻力位情况，我们以江苏索普在 2014年12月22日前几个重要的高低点为依据，画出3条水平压力线。

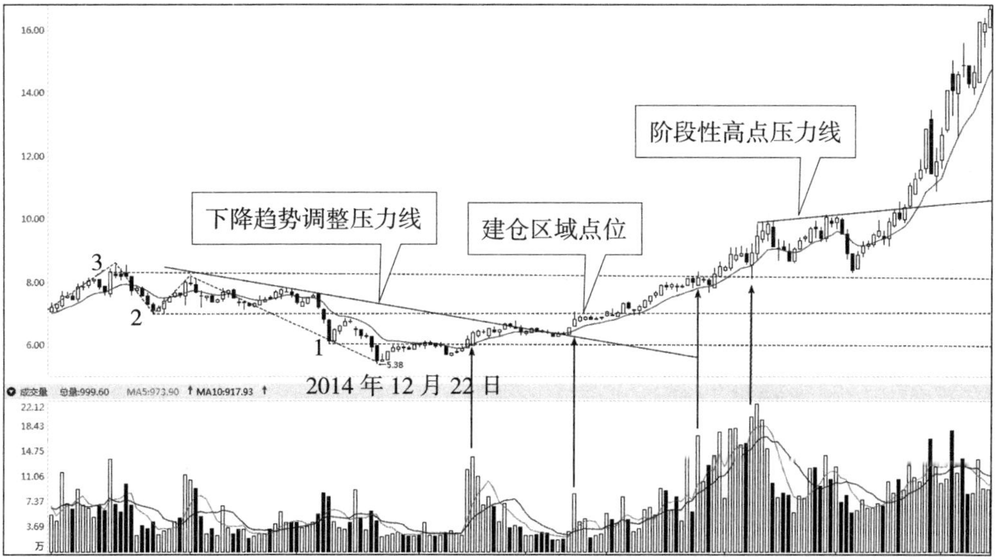

图3-14　江苏索普日K线图

股价至5.38元开始上涨后，在水平压力线1、2、3附近遇到阻力回落，经反复振荡后，股价放量突破水平压力线1、2、3位置，成交量有效放大是成功突破的关键。

二、下降趋势阶段性水平压力线、支撑线

股票价格自高点下跌，一开始因为市场人气还很高，前期看好未买入的投资者就会产生抄底的想法，抄个小底还有赚头。但是顶部区域一旦完成，反弹B浪没有突破前高，放量跌破反弹趋势线，开启C浪下跌，什么是底？底又在哪儿？就不知道了，很多人都“死”在抄底的路上。事实上，价格没有真正突破C浪下跌趋势线，反弹没有突破前波反弹高点，并回调确认不再创新低，谁也不能说那就是最低点，那就是底。抄底的想法是极其错误的。

从技术上讲，在股票下跌过程中，借助于前期高低点形成的水平支撑线、压力线对股价下跌有一定的支撑作用，小仓位做一做5分钟级别，最多30分钟级别的反弹行情还可以，仓位最多不能超过总资金的20%，而且每笔交易必须设止损点。在下跌趋势中抢反弹这类操作，犹如虎口取肉，是只有少数技术分析能力强，有自己的操作规则和资金管理规则的投资者才能玩的游戏。事实上，这些人在下跌趋势中玩股票，也并非都能挣钱，大多数玩的是一种智力游戏，只是赔也赔不了多少，玩得起罢了。总结一下，自以为是，总觉得能掌握行情，企图战胜市场，逆势操作的人，市场终究会教育他。

股票在下跌趋势中，投资者对股价是否产生反弹都存在疑惑。事实上，只要判断下跌趋势成立就出局，没必要多想。股票价格跌破上升趋势线，会出现一波凌厉的下跌走势，也就是A浪调整。对于大多数人来讲，A浪调整是很难判断出来的。操作中判断是否出现大级别A浪调整，主要通过认识A浪的结构形态和调整速度来判断，如果A浪下跌是5波调整形态，并且下跌调整幅度超过前面任何一波下跌调整幅度，跌破趋势线，则判断是A浪无疑，并在之后的B浪反弹中实行减仓或清仓计划。

在下跌趋势中，由前面高低点构成的水平支撑线、压力线的画法是相当

简单的，与上升趋势中高低点构成的水平支撑线、压力线的画法相同，读者可参考图3-15。

图3-15 阳光电源3日K线图

下面主要讲一下画线及应用上应注意的几个问题。

1.画下降趋势中水平线应注意的问题

画下降趋势中的水平支撑线、压力线时，应注意以下几个问题：①趋近原则——越是近期形成的高点或低点，对股价的支撑作用越强；②趋同原则——前期高点或低点中，相差不大的点位可以看成同一点位；③要点优先——股价在前期运行中形成多个高点或低点，可以按照这些点位的重要性排序：股价遇阻或遇支撑次数；该点位的成交量大小；该点位是否为整数点位；该点位为前期最高价。选择其中比较重要的点位画出水平线。

2.下降趋势中水平线的指导意义

应用水平支撑线、压力线进行股票交易时，应注意观察以下几点：①力量强弱——股价下跌至某一支撑线，且经过若干次激烈交锋未见分晓，最终该支撑线未能支撑股价时，该支撑线转变为阻力线后，其阻力作用也会非常强大；②下跌遇强支撑——如果股价下跌至某一支撑线附近，因该支撑线的作用而重新上涨，且下跌时成交量萎缩，上涨时成交量放大，则可认定支撑有效，投资者可以短线买入该股；③支撑失败——如果股价携量跌破某一支撑线，则该股股价还将进一步下跌；④避险法则——股价处于下降趋势中，投资者应以回避为主，尽量避免买入股票。在下降趋势中博反弹，风险远远大于收益。

如图3-16所示，单从技术上讲，自2022年3月30日111.83元起，阳光电源的股价一直在下跌途中。我们主要观察价格的反弹力度，如果反弹连最近的水平压力线都过不去，那反弹力度就很弱，股价将继续下跌，破前低的可能性非常大。阳光电源从3点开始反弹，每次反弹都没有突破前高点，有的

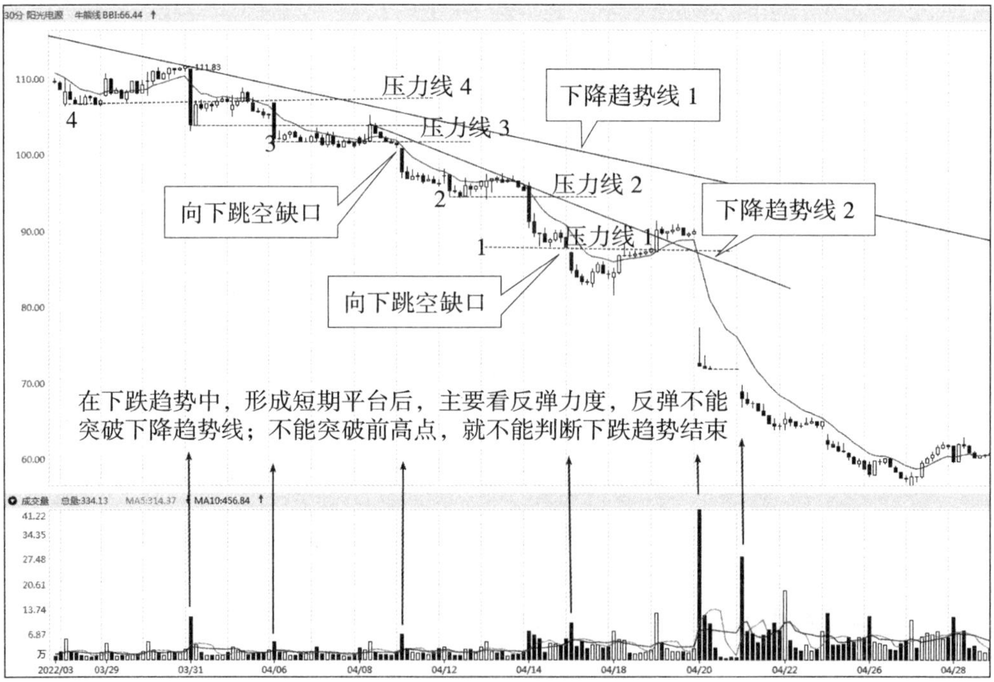

图3-16 阳光电源30分钟压力线图

甚至连前低点都未靠近，股价反弹高点形成了一个标准的下降趋势线，且是以大于45度角的速度下降，只要买就马上被套。

一般情况下，从技术分析角度讲，中长线的建仓起点是30分钟右侧交易点。出现右侧交易点必须满足两个条件：①价格突破下降趋势线1。②价格突破前高点，也就是图中压力线1的最高点。也就是出现“双突”现象，价格最强走势是突破底部放量区域，即价格能突破1点区域高点并冲到压力线2附近。之后的最佳介入点是价格回头确认时形成的30分钟级别第二买点，止损点设在前低点。

第六节　阶段性低点、高点构成的几种趋势线

股价在上涨时，经常在遇到阶段性低点、高点趋势线之后，会立即出现下跌走势；股价在下跌时，也经常在遇到阶段性低点、高点趋势线之后，会立即出现反弹走势。股价阶段性高低点趋势线之所以有这么大的阻力和支撑作用，与其表现形式和形成机理密不可分。

一、上升DG趋势线

1.上升DG（低点与高点）趋势线

股价上升趋势线是一条连接阶段性低点D（起点）与股价突破第一波高点形成的第三波高点G的直线。股价上涨时遇到该线，便会出现下跌走势。

如图3-17所示，格林美的股价在 2019年1月4日创下阶段低点3.69元后，开始振荡上升。股价创出第一波高点后进入调整，调整到2019年12月才恢复上涨趋势。2020年1月中旬，股价突破第一波高点形成第三波阶段性高

点后下跌。通过此高点与2019年1月4日形成的低点连接，画出一条股价上升DG趋势线。

此后，格林美的股价在2021年1月—12月的一年时间里，始终围绕着这条趋势线上下波动，其间由这条趋势线构成的支撑与压力作用在不断转化，直到股价跌破由6、8点连线形成的低点趋势线，上升趋势被破坏，这条上升DG趋势线才失去作用。

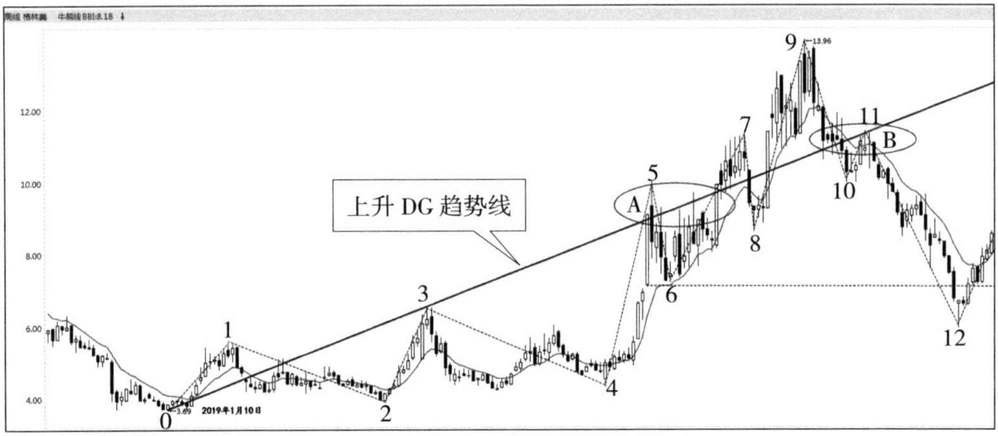

图3–17　格林美上升DG趋势线

2.上升DG线形成后，应注意以下几点

（1）股价遇上升DG线回调的次数越多，DG线的作用越显著。

（2）股价上升DG线发挥作用的时间越长，DG线的作用越显著。

（3）如果上升DG线的阶段性低点0到高点3之间的时间跨度是一年多，那么，3点到上升DG线右侧高点之间的时间跨度也应该在一年左右。简单地说，低点0到高点3之间的时间与高点3到高点5之间的时间差不多。

从形态结构上讲，由0～1、1～2、2～3段走势构成的N形上升趋势结构，是一个非常稳定的上升结构。如果3～4段回调没有跌破前低点0点，那么这个N形上升趋势结构就会得到进一步确认。之后股价将再次挑战由这个

N形结构形成的上升DG趋势线。应用二波结构理论也可以解释这一形态，由0～1、1～2段构成的第1个二波结构为多头形态，经由2～3、3～4段构成的第2个二波结构确认，上升趋势成立，将产生第3个与前面趋势相同的二波结构。0点是阶段性低点，对股价具有很强的阶段性支撑作用，3点是价格反弹所遇到的阶段性高点压力位，两点连线形成的上升DG趋势线，在未来无论是对空方还是多方，都有相同的暗示作用。

二、上升GD支撑线

1.上升GD（高点与低点）支撑线

上升GD支撑线是一条连接阶段性高点G（前期放量上涨形成的高点）与股价突破这个高点后回头确认形成的低点D的直线。也就是图3-18中高点1与支撑点4的连线。在之后的一个时期内，股价上涨回调到该线便得到支撑，出现上涨走势。

如图3-18所示，2019年1月25日，闻泰科技创出一个历史性低点17.40元后，开始振荡上升。经过一段时间的上涨，于2019年8月末开始放量突破前高，形成新的高点1点。经过短时间回调后，再次放量突破前高形成新的高点3点。这次突破具有相当重要的意义，是市场主力对第一个主升浪的认可，如果回头确认点4点不与1点重合，就进一步强化了这一趋势，市场主力将会进一步推高股价。我们将1点与4点连接形成一条直线，就是上升GD支撑线。此后，闻泰科技在长达两年多的时间里多次受到GD上升支撑线的支撑而重新上涨，这说明上升GD支撑线对股价具有很强的支撑作用。

2.上升GD支撑线形成后，应注意以下几点

（1）股价回调遇上升GD支撑线重新上升的次数越多，GD线的作用越显著。

（2）GD线发挥作用的时间越长，GD线的作用越显著。股价有效跌破上升GD支撑线之后，应立即离场。

（3）一般情况下，右边4点到6点的时间跨度与GD线左侧的高点1点到支点4点之间的时间跨度相差不多。

从形态结构上讲，上升GD支撑线与上升DG趋势线是一致的，都是由一个N形上升结构组成，也都是由3～4段回头确认结构成立的一种稳定形态结构，走势分析的逻辑基础是一致的。

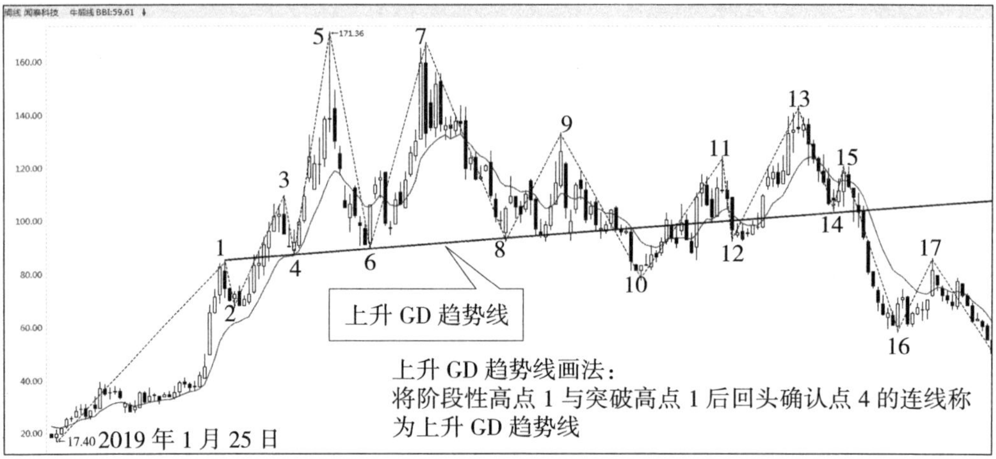

图3-18　闻泰科技上升GD趋势线

三、下跌GD趋势线

下跌GD趋势线是由一个阶段性高点，也就是下跌趋势的起点0与第三波下跌低点3连线构成的一条下跌趋势线。

如图3-19所示，2021年10月27日，阳光电源完成B浪反弹，形成阶段性高点178.87元，之后开始调整走势。以阶段性高点178.87元为起点，与第三波下跌低点3点连线，就完成了下跌GD趋势线的绘制。

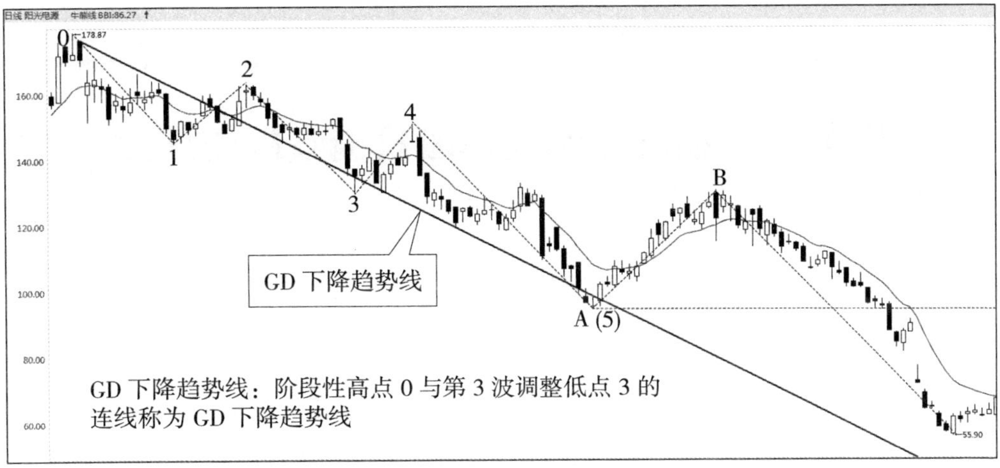

图3-19　阳光电源日K线图

四、下跌DD趋势线

下跌DD趋势线是在下跌趋势中将两个或两个以上连续的，且有一定时间间隔的低点连成直线，构成的一条下跌趋势线。

如图3-20所示，由1、2、3点连线构成的下降DD趋势线1和由a、b、c点连线构成的下降DD趋势线2。可以明显地看到，下降DD趋势线对股价的支撑与压力作用也是相当大的。股价向下或向上突破下降DD趋势线都需要较大的成交量相配合。

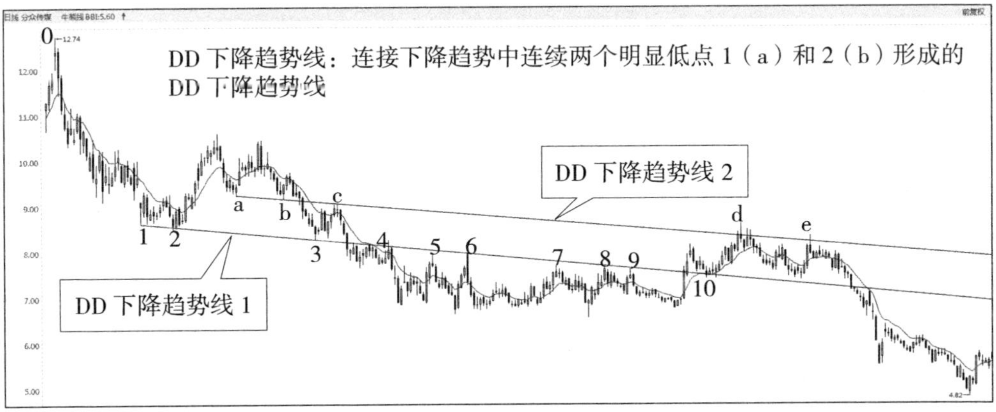

图3-20　分众传媒日K线图

第七节　动态成本线对股价的支撑与压力

动态成本线就是成本多空线均线，以时间周期为标准，分为短期5分钟、15分钟、30分钟多空线，中期分为60分钟、日线，日线以上级别为长线成本均线。其特点就是均线价格随着时间的变化而变化，应用上配合上升、下降及水平趋势线的支撑与压力作用，会收到奇妙的效果。

一、多空线

多空线（DKX）是一个统计性指标，是将主动买、主动卖的成交按时间区间分别统计而形成的一个曲线。多空线有两条线，以交叉方式提示买入和卖出。多空线非常适合趋势交易，多空线的日线可作为中线持仓线，小时线可以作为短线持仓线。实战中，多空线指标的数据可信度极高，非常适合捕捉大波段和规避大风险，配合趋势线、通道线以及MACD指标和成交量使用，成功率达70%以上。

如图3-21所示，主图多空线（DKX）只有两条均线，日线多空线反映的是市场中期交易成本均线，与通常的5天均线、10天均线、20天均线相比，多空线的各个周期更能有效地反映市场短、中、长期交易成本，更加简单实用，真实可靠。

二、多空线指标的计算公式

MID赋值＝（3×收盘价+最低价+开盘价+最高价）÷6

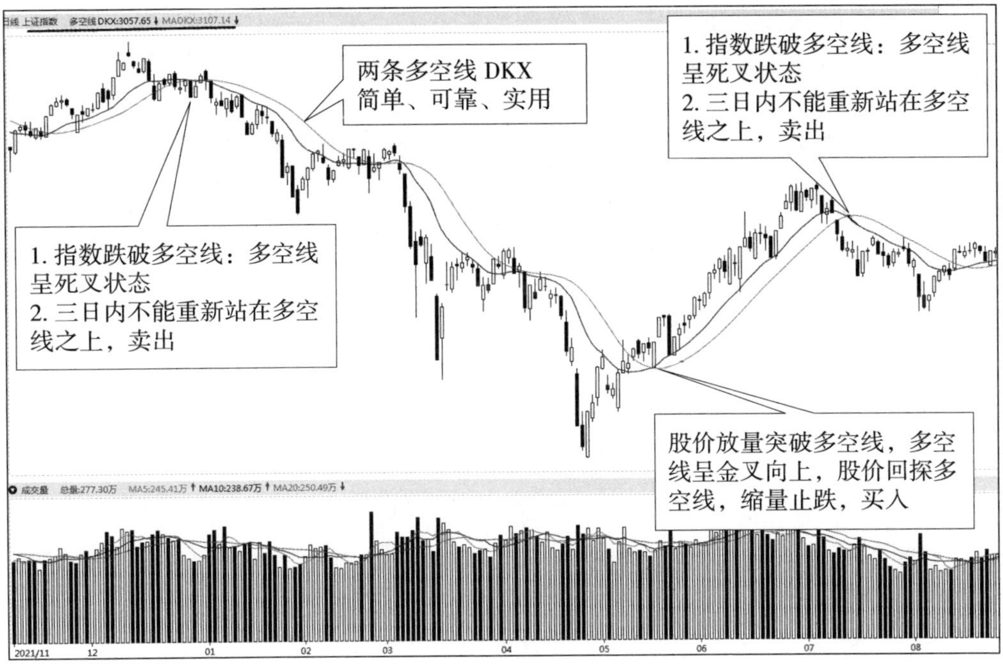

图3-21 多空线指标

三、多空线运用规则

（1）设置超买超卖线。由于每只股票的特性不同，因此，超买超卖的标准是不同的。投资者需要观察个股一年以上的走势图，观察其常态性分布范围，然后用参考线设定其超买超卖范围。

（2）当DKX指标在超卖区上穿其均线时，为买入信号；当DKX指标在超买区下穿其均线时，为卖出信号。

（3）股价在DKX指标之上，为多头市场，采取做多策略；股价在DKX指标之下，为空头市场，采取做空策略。

四、多空线的特点

多空线应用范围的特点：①针对交易较活跃的大盘股；②在牛市的大格

局中；③依据该股票的历史，选择适当的参数（默认为10，也可以设置为6或7）。

对于一个新手，在完全符合上面三条的基础上，不考虑其他因素的影响，完全按照多空线的提示机械化交易，收益率也是非常高的。基本上能够在大波段的底部之后4～5天内买入，在顶点之后5～6天内卖出，将鱼身吃掉，过滤掉中间的小幅波动。如果再配合趋势线使用，将更加完美。

五、多空线应用实例

如图3-22所示，先用二波结构分析一下价格走势的形态结构。从0点起，第1个和第2个二波结构突破了原下降趋势，建立了新的上升态势，第3个和第4个二波结构变轨加速上扬，第6个二波结构由前5个多头态势转变为空头态势。再看一下趋势，多空线与趋势线结合是监控趋势最好的工具。从图中可以看出，价格虽然几次跌破多空线，但每次回调的低点都在逐渐

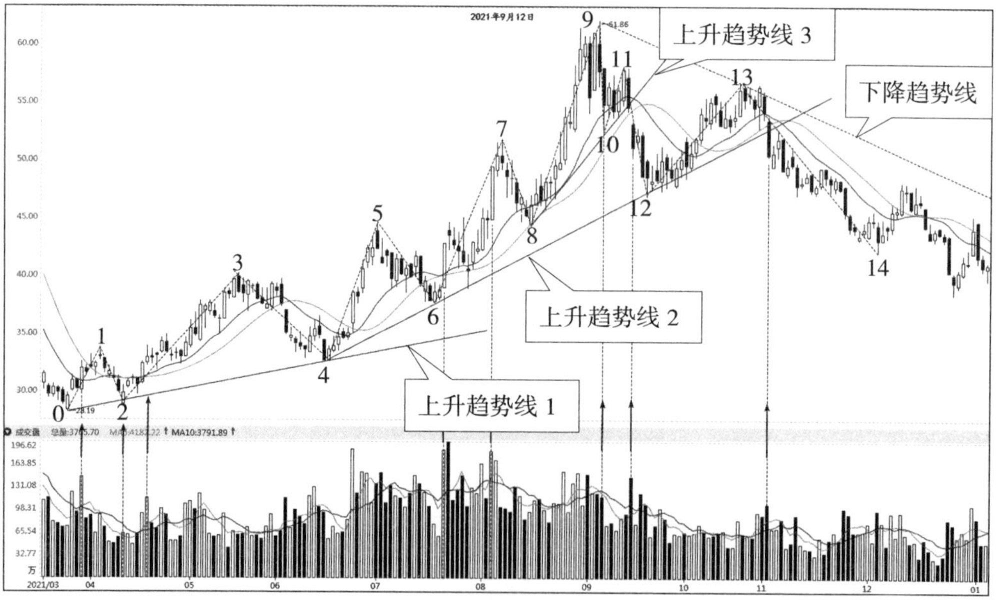

图3-22　通威股份日K线图

抬高，价格均未跌破上升趋势线，直到第6个二波结构的上升推动段未能突破第5个二波结构高点9。调整浪放量跌破多空线，跌破上升趋势线3，跌破二波结构起点，第6个二波结构转变为空头态势。价格回落至上升趋势线2上才得到支撑，反弹回补缺口前高点附近是最佳的卖出减仓机会，当价格再次走弱跌破多空线，跌破上升趋势线2时，价格进入了加速下跌状态。

多空线的日线可作为持仓线，操作简单、实用，多空线指标数据可信度极高，非常适合捕捉波段和规避风险，配合趋势线使用会更加有效。应用各个周期的多空线作为短、中、长期持仓线，能使交易更加简单、实用、可靠。

第八节 趋势线的综合应用

趋势线是道氏理论在 K线走势图上的直观体现，特点是简单、直观、实用性强。本章讲的趋势线包括上升趋势线、下降趋势线、水平趋势线、阶段性高低点趋势线以及多空线，其作用及应用方法是一样的。无论哪种类型的趋势线都是一条分界线，是一条用于研判趋势的分界线，也是一条制订交易规则、判断买卖点的基准线，这是应用中的关键。

一、画出正确的趋势线

若想画出正确的趋势线，最关键的是两个画线基准点的选择，归纳起来主要有两点：①关键基准点往往是一些具有转折意味的点位，如短期高点、低点等，还有就是被反复证明有效的点位以及由该点位构成的趋势线。也就是说，股价触及趋势线的次数越多，趋势线的有效性就越强，对交易就越具有指导意义。②关键点位的成交量放大或缩小越明显，其作用就会越强。同时，如果出现位置互换，即阻力位与支撑位互换，趋势线的作用将加强。如两个阶段高点构成的阻力线，其后股价数次上涨至该阻力线位置，均因阻力线的压制而回调，阻力线的作用就会越来越强。

趋势线画出之后，在持仓观察、监视股价与趋势线的位置关系和成交量变化时，应注意价格变轨现象。变轨就是股价打破原运行趋势的节奏，建立新的运行趋势或节奏，其中包括：①沿着原始运行趋势加速运动；②突破原运行趋势线，建立反向运行趋势。无论是哪种变化，都需要重新画出新的趋势线。

二、趋势线共振

趋势线共振是指几条趋势线所反映的压力位或支撑位都指向一个狭小的区域，我们就称趋势线在这个狭小的区域内发生趋势线共振。共振反映的是一种强化作用，例如，水平趋势线与下降（上升）趋势线共振，趋势线与某个时间周期的多空线共振，大周期趋势线支撑与压力位与小周期趋势线支撑与压力位共振。

总之，对持仓或准备建仓的个股，应尽可能地将各个周期的趋势线都画出来，并据此分析出共振点，综合分析、掌握重要的支撑与压力位置，以便日后观察股价在这些重要位置的表现，决定是建仓、加仓还是减仓。

三、实例分析——光启技术

如图3-23所示，光启技术在2021年6月21日形成阶段性高点1点，之后经过回调形成阶段性低点2点，由2点反弹到前期小级别平台下沿压力线，受阻回落形成3点。3点没有破前阶段性低点2点，确认了阶段性低点2点的有效性，得到确认后的价格延续前期上升趋势，突破前高1点，形成新的高点4点。经过两天的整理，价格回落至Y点，反弹至Z点再次回落，Z点成为自高点4调整趋势的确认点。Z点再次回落后，价格又一次反弹形成第2个调整趋势确定点5点。至此，形成了由1点、Z点和5点构成的高点压力线和由2点、3点构成的低点支撑线。

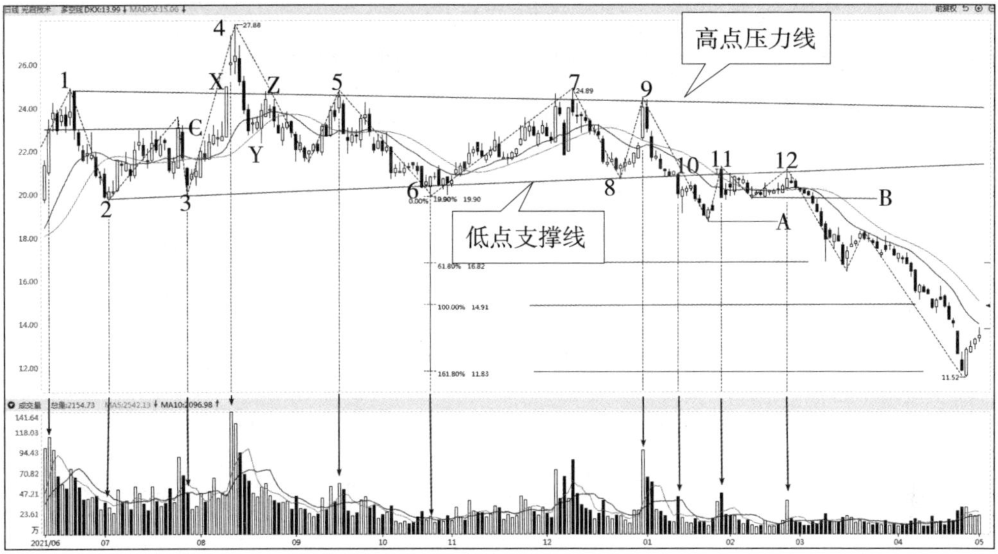

图3-23 光启技术日K线图

从图中可以看出，支撑线形成后，股价经过多次激烈交锋，最终支撑线未能支撑股价，支撑线转变为阻力线。价格在10点跌破支撑线后，经过11点、12点两次回头确认均未攻破，支撑线转变为阻力线后，阻力相当大。12点是最佳出局观望的机会，其次是价格跌破低点B点和A点，尤其是A点。跌破A点趋势完全发生变化。

再看一下成交量与支撑线的关系，价格调整至支撑线受到支撑而重新上涨，相对应的成交量表现为：下跌时成交量萎缩，上涨时成交量放大，投资者可以从成交量上再一次确认支撑线的有效性，可以将支撑线作为短线买入、卖出或止损的依据。

四、应用趋势线交易时应注意以下几点

事实上，在实际交易中我未按照技术发出的止损信号卖出，一是从主观

上认为光启技术在这个价位已经整理了两年多，不会有太大的调整，二是进入2022年2月，光启技术公告超材签订20亿元的大合同，并进入量产阶段，持有光启技术就是看好超材的发展空间，第三就是主观上认为上证指数也不会有太大的调整。未按交易规则操作，其结果就是深度套牢。

大家可依据日期在光启技术的日K线图上仔细分析琢磨一下，在应用趋势线、支撑线与压力线时一定要注意：①股价下跌至某一支撑线，且经过若干次激烈交锋未见分晓，最终该支撑线未能支撑股价时，该支撑线转变为阻力线后，其阻力作用也会非常强大；②如果股价下跌至某一支撑线附近，因该支撑线的作用而重新上涨，且下跌时成交量萎缩，上涨时成交量放大，则可认定支撑有效，投资者可以短线买入该股；③如果股价携量跌破某一支撑线，则该股股价还将进一步下跌；④股价处于下降趋势中，投资者应以回避为主，尽量避免买入股票。在下降趋势中博反弹，风险远远大于收益。

第九节　阳光电源实盘操作分析

本节是实操笔记，是建仓、持仓过程中每一天对价格走势的分析与应对的实际记录。强调一下，技术不是万能的，技术分析只是实际交易中的一部分，市场大众的情绪、交易策略与方法、资金管理，都是影响交易的重要因素。

一、建立30分钟级别仓位

如图3-24所示，阳光电源的这次操作是在2020年1月27日出现历史性14.25%的大阴线之后开始的。依据波浪理论，阳光电源从180.16元下跌的这波调整属于大四浪调整，调整结构是3-3-5平台型结构，前两天的高点为

C浪中的第4浪，当下跌破C浪3低点，就将完成C浪调整。下面我们从空间结构和形态结构上分析一下阳光电源的调整区域。

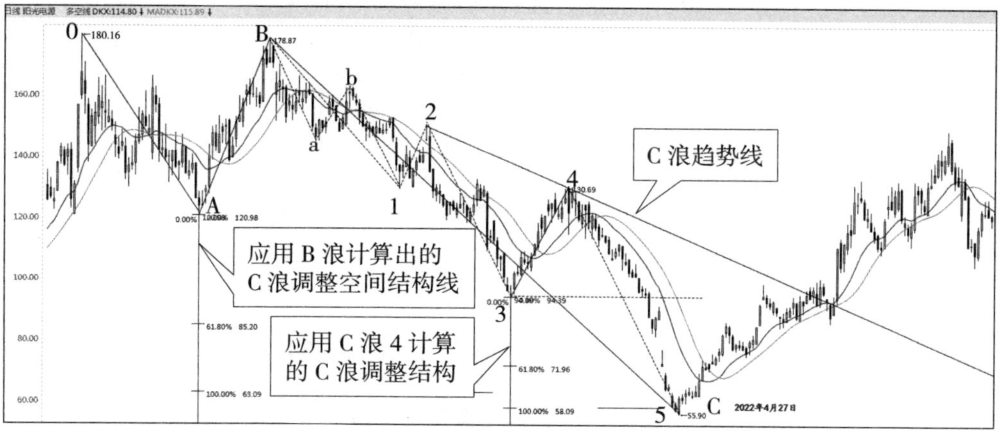

图3-24　阳光电源日K线图

空间上，2021年11月16日阳光电源完成C浪中的第1小a浪下跌，最低点为144.96元，之后反弹的最高点为163.20元（11月30日），反弹幅度为18.24元。下面计算一下阳光电源的调整区域。

阳光电源调整161.8%位置是144.96－18.24×1.618＝115.44元

阳光电源调整261.8%位置是144.96－18.24×2.618＝97.21元

形态结构上，当下阳光电源C浪调整也正好完成第5波，肯定有一个30分钟级别的反弹行情，接下来我们要做的就是去5分钟级别观察这个日线级别的终结点，以寻找5分钟级别的最佳买点。

另一方面，从估值分析，2021年3月25日的最低点为60.76元，当时机构预测2020年每股收益在1.30元左右，按底部区域均价65元计算，市盈率为50倍。机构预测2021年每股收益在1.80元至1.90元，对应50倍的市盈率，合理股价在100元左右。

如图3-25所示，为2020年1月27日阳光电源操作的结算单。这一天出现了历史性14.25%的一根大阴线。当阳光电源跌破C浪3低点，我在下跌空间结构161.8%位置、115元下方开始买入，共委托3笔交易，第2天反弹卖出去一部分。之后股价一直在下跌，其间反弹力度相当弱，因此，我判断价格可能在理论空间结构261.8%的位置结束，也就是97元附近。

日期	类型	价格	数量 发生金额
2022/01/28	卖出	116.39	2000.00+23278...
2022/01/27	买入	110.35	1000.00-11035...
2022/01/27	买入	111.00	3000.00-33300...
2022/01/27	买入	115.16	3000.00-34548...

图3-25 阳光电源交割明细1

如图3-26所示，2022年2月11日，当阳光电源的价格进入100元以下，又建了一些仓位。

日期	类型	价格	数量 发生金额
2022/02/11	买入	99.22	2000.00-19844...
2022/02/10	买入	99.19	1000.00-99190.00
2022/02/10	买入	103.66	1000.00-10366...
2022/02/10	卖出	108.99	1000.00+10899...
2022/02/10	买入	95.58	2000.00-19116...
2022/02/09	卖出	107.50	2000.00+21500...

图3-26 阳光电源交割明细2

如图3-27所示，2022年3月10日，在前期平台底部（C浪3低点与C浪4高点构成的高低点阻力区域）127元以上清掉最后的仓位，完成了这笔交易。

2022/03/10	卖出	129.81	2500.00+31800...
2022/03/10	卖出	127.52	1500.00+19128...
2022/03/10	卖出	128.39	1000.00+12839...

图3-27 阳光电源交割明细3

二、二次建仓被套

我原判断2022年2月14日94.50元这个低点是大四浪调整的终结点，4月13日价格跌破该点，说明之前的判断是不正确的，四浪依然在调整之中。

正常二次建仓是在2浪调整到1浪的61.8%～80%区域分段建仓，当下价格跌破前低点，二次建仓被套。此时，仔细分析一下投资逻辑：①国家产业政策及发展方向没有发生变化，也就是说基本面没有发生变化；②企业未来三年的成长性未发生变化；③短期盈利超预期。导致股价大幅下跌的原因无外乎两个方面：一是最近国内外形势不好，国内疫情反复，二是市场情绪面糟糕极了。总体上讲，我们投资的根基没有发生变化，当下只是市场主力借机打压，股价处于非理性状态而已。根据国家能源网预测，未来三年中国光伏产业年复合增长率在25%以上，而多家机构预测，阳光电源未来三年的复合增长率在45%以上，如果按机构平均预测2021年每股收益1.80元至1.90元计算，当下阳光电源的市盈率不足40倍，历史最低，投资价值凸显。因此，我启动备用金，调剂个股仓位，直接在被套仓位上增加了一倍仓位，并做好了继续下跌，破80元加仓的准备。

投资最基本的逻辑还是价值投资。依据技术分析二次建仓，建仓区域在2浪调整到1浪的61.8%～80%区域，按技术操作要求，止损点应设在前94.50元的低点。但是别忘了，2020年1月27日第一波建仓的依据除了从技术上分析判断是大四浪终结区域外，还有更重要的一条，就是估值。我们所采用的建仓方法是以价值投资为根基分段买入的左侧交易法，是依靠技术分析和估值，将建仓区域放在一个较小的价值区域内，当然，这些是建立在对行业、企业深入分析基础上的。多家机构预测阳光电源未来三年的复合增长率在45%以上，当下阳光电源的市盈率不足40倍，胡乱止损是不可取的。虽然不能确定当下是最低点，但是可以确定的是，阳光电源在这个价位是具有极高投资价值的。

三、阳光电源业绩大跌眼镜——前期仓位被深套

2022年4月19日傍晚，阳光电源发布2021年年度报告。归母利润让投资者大失所望，2021年每股收益1.08元。2021年度公司计提应收账款、存货等减值损失4.8亿元，同比增加超4亿元，增幅近6倍，直接扣减当年营业利润4.8亿元。这一业绩表现与市场的期待、与机构预测的每股收益1.80元至1.90元相差甚远，与我们对光伏行业的整体预期也存在非常大的差距。

公司年报中给出的下滑原因：①疫情导致越南项目在10月没有并网，执行了新电价导致计提；②缅甸项目因为政变而取消，产生了一些费用；③海外储能业务因为疫情受到影响，接受了罚款，导致增收不增利。整体加起来减掉了大概10亿元的业绩。

下面我们再仔细分析一下，阳光电源年报中影响业绩下滑的两个最大因素：一是营业成本及各项费用上升；二是计提的各类资产减值损失大幅增加。

营业成本及各项费用上升主要是生产、销售规模扩张，背后是公司业务扩张的需求。阳光电源2021年底生产、销售、技术人员人数分别增加52%、45%、50%；销售费用15.83 亿元，同比增加63%；研发费用11.61 亿元，同比增加44%。这是公司业务进一步扩张的表现，是进一步扩展市场的需

求，短期造成一定的费用率提升是正常的，短期盈利能力承压，长期看有望助力公司业务拓展。

光伏逆变器市场竞争十分激烈，保持技术创新、新产品开发和成本领先优势是公司生存发展的基础。公司研发费用始终保持高增长，2021年研发投入11.6亿元，同比增长44%，占营收比重为4.81%；研发人员达2734人，占总员工数超四成。

计提应收账款、存货等减值损失4.8亿元，虽然影响2021年业绩，但对2022年业绩增长大有好处，计提未来可能发生的损失更加有助于2022年财务状况的改善。投资是投资未来，不是投资当下。

公司对疫情、供应链涨价、IGBT（绝缘栅双极型晶体管，Insulated Gate Bipolar Transistor）短缺等问题做了新的部署，2022年一季度整体情况已有比较好的恢复，电站业务已经扭亏。储能业务现场调试、交付情况得到改善，2022年的预期目标还是比较高的。2021年四季度逆变器受到器件短缺的影响，渠道铺设有所放缓，2022年公司大量采用国产器件，逆变器受到器件短缺影响的问题会得到解决。另外，2022年一季度有进口器件跳票，二季度也会有所缓解，逆变器市场依然需求旺盛。

从年报中还可以看到一个亮点，就是公司储能业务的高速增长，1500V全场景储能系统解决方案降本增效显著。在当前光储平价上网压力下，“新能源+储能”的发展模式是公司实现规模化发展的关键技术支撑。2021年公司储能系统发货量实现几何级增长，当年全球发货量达3GWh。储能成为公司的重点发展方向，公司既有的逆变器与储能业务客户具有较高的重合性，在储能市场开拓方面有先发优势，公司发力家庭和工商业储能系统，推出5～10kW/9.6～102.4kWh家庭储能系统和 50kW～1MW/2～5h分布式储能系统，具备成本和技术优势，目前储能系统已广泛应用在美、英、德等成熟电力市场，在全球市场得到批量应用，有望成为亮点。在储能业务领域，阳光电源具有三个方面的竞争优势。

（1）领先的储能系统集成创新能力。储能系统涉及电力转换、系统控制、电芯温度控制等多方面的技术，系统非常复杂，而公司在逆变技术、储能系统方面具有深厚的技术积淀，公司具有持续储能集成创新能力。

（2）全球市场拓展能力。公司已建立全球市场营销能力，建立了全球储能营销团队，从2013年开始进入储能业务后，积累了大量的项目案例，树立了良好的口碑效应。

（3）协同优势。公司逆变器客户和储能客户高度重合，且技术上也是光储融合方向。

阳光电源的储能业务在美国、欧洲、澳洲等市场均取得良好进展，2021年毛利率偏差主要是罚金导致的，2022年一季度毛利率已经恢复到20%，预计2022年还将持续改善。通过对光伏行业及阳光电源业务的分析，我们对阳光电源2022年业务的发展还是充满信心的。

其实，在实际操作中，真正的投资机会和公司基本面是呈现负相关的。在国家大的产业政策没有发生变化，上市公司基本面状况也没有发生变化，上市公司业绩下滑是受短期因素影响的情况下，是最好的投资节点。市场上绝大多数人看到利空消息抛售股票，资产才会变得很便宜，而一旦短期影响业绩下滑的因素消失，公司就会满血复活。股市从整体上说也是一样，投资的最佳机会就是经济出现下滑，股市出现一波很大的调整时。这个时候国家在政策上一定会想尽办法去拉动经济，也就是当时非常差，但未来一定会变好。投资上要做的，就是在经济最差的时候，敢于逆势布局，当经济好起来、大家都有信心的时候，提前布局者才能吃肉，后知后觉者只能追涨。

四、调整总体仓位以应对突发事件

2022年4月18日，我在85元左右完成阳光电源的建仓，当时根据2021

年光伏行业大发展状况及阳光电源三季度报，判断阳光电源会有一个不错的业绩，业绩出来后就会走强。结果出了一个糟糕的年报，看完年报后仔细分析了一下，计划第2天开盘如果低开5%以内减掉半仓，结果开盘就跌了18%左右。

当时我共持有11只股票，总仓位九成左右，阳光电源占14%左右。开盘看到这种情况，我认为阳光电源在74元左右是不能割肉的，既然不能割肉，就得加大仓位。如果按前低点84元左右算，一般股价破位向下最多也就打出一个30%左右的空间，再综合一下，我分析最多也就跌到60元左右。可能有人会说，你分析能跌到60元左右，75元左右为什么不清仓？这也正是我要讲的，分析与操作是两回事，我分析能跌到60元左右是最坏的打算，我要为这个打算做一个操作计划，而同时我也不能肯定一定就跌到60元左右，谁也不知道阳光电源明天会不会在73元左右就反转大涨。因此，我必须做出两手准备，一是计划今天、明天以及后天都各自加多少成仓，二是今天加仓后反弹到什么价位卖掉。

当下股价已经下跌近19%，我决定先在原仓位基础上加1倍，这样假定今天这个位置就是低点，第一波反弹大致能到前低点（83元）附近，少点算10%左右应该有，届时将73元加仓部分卖出，成本也就降下来了。如果第二天再跌5%以上，再加1倍。也就是说，计划将阳光电源的仓位从原来的占总仓位15%提升到50%左右。注意，这只是对阳光电源而言，做出此计划的根本原因在于中国在光伏设备制造领域无论是从技术上还是成本上都处于绝对优势地位，而阳光电源又是光伏制造领域的龙头企业。

开盘竞价看到阳光电源跌17%多，没空多想，立马将手中股票涨得多的5只清仓，到22日手上仅有4只股票。按计划加大了阳光电源的仓位，阳光电源占比已经达到55%，基本完成建仓，留了一成多仓位，到61元以下继续加！

对于一个优秀企业来讲，短期因素带来的利空就是加大仓位最好的时机，短期因素所带来的危机不会改变中长期投资价值，危机中蕴含着更大的投资机会，坚定信念继续干！

五、100%正确的操作——两头堵

2022年4月29日，阳光电源的收盘价为63.20元，当日涨幅3.67%，当日最高涨幅接近6%。按收盘价计算，我将仓位从八成多减到了七成，并计划五一节后如果能反弹到前期向下突破型跳空缺口72～74元，再减三四成仓位。按27日56.01元计算，反弹至72～74元，反弹幅度已接近32%，这是一个重要的阻力位。面对短期获利盘和缺口上方套牢盘的双重抛压，价格反弹第一次冲击此位置，短期调整是必然的，因此，分段减仓是上策。

如果减仓后价格继续上涨，那就继续分段减。你要相信阳光电源第一波反弹高点是不会冲过前期30分钟中继整理平台，也就是83元上方的。大盘及个股都处于深度套牢区域，市场流动性资金匮乏，这个时候市场对股价走势有很大的分歧。另外，短期快速拉升也不符合主力庄家的利益。

如果在72～74元减仓后价格出现调整，分段补回仓位，股价出现深幅下跌，大多数投资者都处于深度套牢阶段，股价反弹到重要阻力位一定要有减仓动作。减仓后左手是现金，右手是股票，无论它是涨还是跌，你都可以从容应对，只有形成两头堵的态势，操作才能进入良性循环。

事实上，我也不知道56.01元是不是阳光电源的最低点，但这不重要，跌破就再补些仓，重新操作就可以了，重要的是任何时候你都要有两手准备，尽量让你的操作形成两头堵的态势。资本市场中永恒的定律就是一个字——变！应变能力是你在这个市场生存、发展的基础。长线思维、价值投资是投资的基础。逆向思维是寻找优秀价值投资机会的最佳方式之一。一个优秀企业因短期利空被市场大幅抛售之时，正是考验投资者是否有能力、有胆识识别价值，做出价值买入的时候。你要有能力判断短期因素所带来的危机会不会改变公司的中长期投资价值，你也要有胆量抓住这次危机中蕴含的更大的投资机会。

六、交易总结——交易策略与仓位管理的重要性

1.交易中的可控性

在阳光电源的交易中，我们应用技术手段可以将交易区域压缩到一个比较小的区域内进行分段建仓，但有一点必须明确，价格未来的走势是不可预测的，必须明确以下三点：一是从本质上讲，下一次交易是否盈利是无法提前人为控制的；二是假如买入后上涨，最终涨多少点，也是无法提前人为控制的；第三就是可以控制的只有事先制订的止损计划以及买入的仓位。

投资交易是一种综合行为艺术，无论你能力有多么强，基本面与技术面分析得有多么全面，一旦持仓，由于各种原因造成的短期风险就是不可控的，可控的只有止损计划以及买入的仓位。

稳定的盈利模式最起码包括5个方面：交易理念、操作策略、操作方法、交易规则和止损计划。每个人的性格、习惯以及时间不同，交易理念、交易方法也都不同，所以需要自己在交易中慢慢总结梳理，逐步完善自己的交易模式，而且这个过程没有终点（市场永远是变化的）。

2.建立稳定的交易模型

想做到稳定盈利，整体胜率、盈亏比、仓位控制是同等重要的，缺一不可，必须统筹考虑。其中，整体胜率是随着交易模型的不断完善而提高的，也与市场环境相关，但是，即使胜率大也是不可控的。盈亏比、仓位控制是可以事先设定并人为控制的，所以，我们必须将能控制的做到最好，这是一个人的能力问题，是否能不断地纠正自己、战胜自己的能力问题。心性空而

策略自然现，一切都是心魔作怪，不知取舍难成大事。

3.资金管理——要重视备用金的作用

以阳光电源为例，讲一下备用金、分散投资、仓位管理的重要性。备用金就是假定你的投资资金总计为100万元，分成5份，1份做备用金。备用金的作用和部队打仗的预备队一样，也是支援四方。假设在你持仓的股票中，某只股票出现确定性买点，或重大利好，或突发利空时，你就可以启用备用金做短线应急加仓。备用金的使用必须是短线行为，少则一天或几分钟，多则2～3天，不管成功与否，必须出来归位。

还是以阳光电源为例，2022年4月18日，我在85元左右完成阳光电源的建仓，仓位占总资金的14%左右。结果4月19日晚公布了一个糟糕的年报，4月20日看到阳光电源的开盘价，我决定调整现有的持股比例，将阳光电源的持股比例增加至2～3个股票的仓位。也就是说，在对阳光电源短线利空进行全面分析后，将阳光电源的持仓占比提高到30%～50%。于是我启动备用金，在股价将近跌停的位置将阳光电源的仓位从14%增加到32%，并在开盘5分钟左右清仓卖出5只持仓股，以确保加仓阳光电源之后，还能有足够的备用金。

如图3-28所示，4月21日阳光电源又一次跳空低开。从大方向的投资策略上讲，阳光电源当下的市盈率不足40倍，符合逢低买入的价值投资策略。从技术分析角度，使用波浪尺，依据B浪计算C浪100%位置是63.30元，依据C浪中的反弹2浪计算C浪100%位置是58.44元。从理论上讲，价格在这一区域形成底部的概率极大，在操作上我们不能确定价格的最低点在哪里，只能是依据波浪尺的重要位置分段操作。

价格进入64.00元左右开始企稳，我分三次将仓位从32%增加到47%。隔一个交易日，即4月25日阳光电源再一次跳空低开，最低价已接近理论计算的58.44元。开弓没有回头箭，开盘不久我再一次被迫清仓卖出3只持仓股，在60.00元以下分批加仓，当天仓位已经增加到75%。就这样，到4月27日最低点56元为止，阳光电源的持仓量已占总资金的82%。事实上，我也不知道它是否还能往下跌，我只是坚持价值投资理念。仔细研究分析一下光伏行业年增长情况及阳光电源在行业的地位，及本身业务增长情况都没有发生变化，只是短期受疫情影响毛利率下降。疫情终究会过去，短期利空不会改变阳光电源的长期投资价值，当下虽不能确定最低点，但肯定是低点建仓区域。

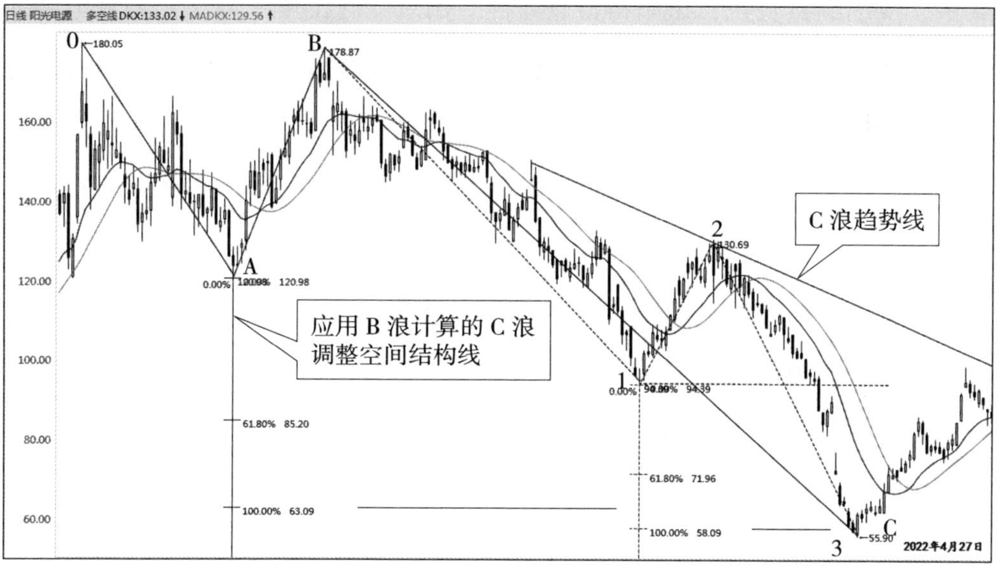

图3-28 阳光电源日线图

资本市场处于极度恐慌期，叠加公司本身又有短期利空放出，阳光电源也难逃大幅下跌的命运。仔细研究短期利空并不影响长期投资价值，此时正是投资价值成长股的良机。炒股票跟打仗是一样的，到了决战的时刻，敢不敢重兵出击也是决定投资成败的关键。

2022年4月18日我持有11只股票，总仓位九成左右，阳光电源占14%左右。短短5个交易日，阳光电源从90元左右跌到59元，19日之前的持仓成本均价在120元左右，眨眼间被腰斩，也就是说，90元以下除新进资金有交易欲望，其余的投资者除了割肉，短期内想回本是不可能的，抄底资金从60元拉到80元左右所遇到的卖压非常小，再看一下手中股票在当下环境能够反弹7%～8%都是多的。从比价效应、反弹空间比例来看，此时置换阳光电源，短期内可获得更大的效益。

从实际操作来讲，上证指数3000点附近能保持空仓的人都属于高手，这个位置持仓与空仓都很纠结，作为持仓者只能以分散投资、短线操作为主，快进、快出维持仓位，是坚持持仓者应对市场变化的唯一办法。阳光电源的股价在短短5天内向下打出40%左右的空间，综合基本面和技术面分析，可以判断阳光电源在56元左右风险释放基本到位。也就是说，阳光电源出现了一个确定性建立长线仓位的区域，此时由分散投资转为集中投资是一种更安全的投资策略。

通过阳光电源这个例子，我们应该认识到，在大盘发生系统性风险进入调整时，最明智的选择是离场观望，但这对长期在股市混的人很难做到。因为谁也不知道哪儿才是最低点，一般都会在自己认为所谓的低点再次买入建仓，这是由人性决定的。此时建仓方法、资金管理就成了第一要务，尤其是仓位管理，必须得到足够的重视，交易必须有自己的交易策略与计划，不能凭臆想交易。实际操作中必须懂得备用金、仓位控制、多批次建仓的重要性。一定要明白，掌握在5分钟级别试探性以小仓位做T和5分钟级别波段操作的建仓方法和意义。

第四章

初始波理论——量化交易理论基础

在错综复杂的股票、期货及外汇市场中，能够实现量化交易是每个投资者的梦想。我通过二十余年的研究与实践，有幸发现了金融价格成长与衰败的“DNA结构”，并逐步演化出“初始波理论”。这是一种全新的价格空间分析理论，依据价格DNA结构数据，可以计算出1浪、3浪、5浪及调整浪C浪的目标区域。且各推动浪的成长目标区域是用数学公式计算出来的，从根本上解决了金融产品价格空间分析的盲目性，使价格空间分析和预测走向量化，是真正的量化交易方法。

第一节　初始波幅

“初始波幅”是价格成长的DNA，是“初始波理论”最重要的基础知识点，是量化交易的基础数据。就像应用斐波那契数列分析时间周期一样，我将“初始波幅”引入斐波那契数列分析价格成长空间结构，对金融产品未来的价格上涨或下跌空间分析具有重要的意义。应用“初始波理论”将金融产品未来价格生长空间，按股价运动性质划分成不同区域，会解决你买的股票一买就跌、一卖就涨的困惑，你也可以清楚地知道，股价突破哪个区间将进入快速拉升阶段，以及股价进攻的下一个目标区域。

一、初始波基本概念

1.初始波的定义

价格在完成某一个级别的下跌后，创出低点，反弹突破原下跌主趋势线，走出一波明显的上涨态势（次级别是一个完整的5-3或3-3多空循环结构），我们将这波明显上涨的走势定义为初始波。初始波必须符合道氏定理中的次级折返定理（折返的幅度为前主要走势幅度的33％至67％），见图4-1。

2.初始波基本结构——WZ结构

初始波的基本结构是由最少两个多空循环结构组成，多空循环Ⅰ形成一波向上的趋势走势，多空循环Ⅱ是对多空循环Ⅰ向上趋势的确认。我们将初始波的基本结构称作WZ结构，见图4-1。

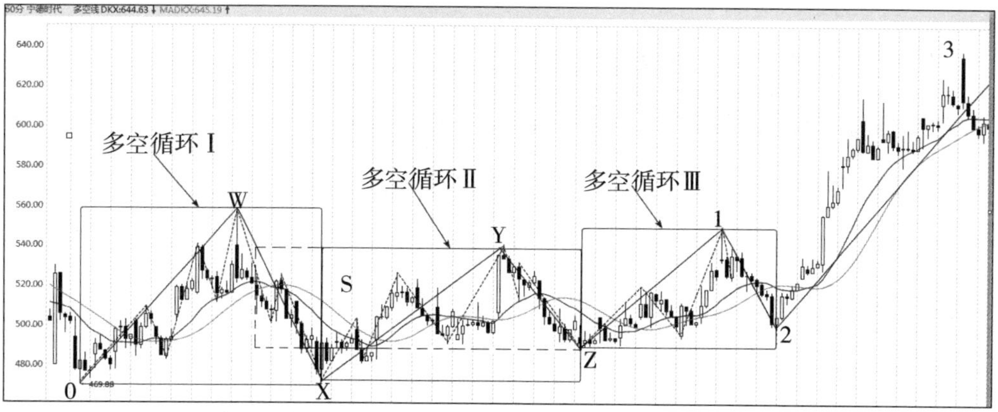

图4-1　初始波（WZ）基本结构

（1）WZ结构的确认。

WZ结构的确认主要有两个方面：①Y点可以超过W点，Z点也可低于X点，但不可低于0点，跌破0点就破坏了初始波基本形态；②WZ结构形成后，很多时候还会产生二次、三次确认，也就是还会走出多空循环Ⅲ、多空循环Ⅳ。如果进入横盘振荡，产生多空循环Ⅴ、多空循环Ⅵ都是正常的，只要不跌破初始波起点，初始波基本结构就成立，见图4-1。

（2）初始中枢定义。

初始中枢由连续的三个线段（WX、XY、YZ）的重叠部分构成，用S表示，中枢区间上轨由三个线段高点中的低点构成，下轨由三个线段低点中的高点构成。

如图4-1所示，虚线长方框区域就是中枢区间。确定中枢区间的主要目的是明确定义买点、卖点、止损点，有了明确的买卖点、止损点，操作上就有了标准，操作的确定性也就增加了。初始中枢以及初始中枢区间的概念特别重要，一定要记住并理解。

3.初始波幅、初始周期的定义

（1）初始波幅。

将次级别多空循环结构中的上升幅度定义为初始波幅，用a表示，假定未来价格基本成长波幅为A，初始波幅$a=0.236\times A$，0.236为成长系数。将成长系数0.236引入斐波那契数列，作为数列的第1项，则衍生出含初始价格成长幅度的斐波那契数列：0.236、0.382、0.618、1.000、1.618、2.618、4.236、6.853……

（2）初始周期。

将初始波幅运动过程所用的时间定义为斐波那契数列的初始周期。不同周期级别，有不同的初始波幅。一般情况下，我优先选用30分钟级别交易，作为交易基础分析级别，并向外扩展，可应用日线、周线级别作为宏观大方向分析，向内扩展，应用5分钟级别作为微观操作、监控。注意，不同级别的初始波幅是有相关性的。如价格在30分钟K线上完成5浪上攻后进入调整，只要调整的折返幅度不大于80.9%，那么，这个5波上攻和3波回调所形成的一个大的上升浪和调整浪就成了日线上的初始波结构。

4.初始波与黄金矩形、斐波那契数列

如图4-2所示，将初始波概念与黄金矩形概念结合起来，假定初始波幅是黄金矩形最小的一个边，并假定初始波幅是未来价格基本成长波幅A的

0.236倍，由此，我们就可以应用黄金螺旋概念预测未来价格波动空间。我们假定最小的黄金矩形的长度为0.236，将该螺旋转换到价格的二维空间，依据黄金螺旋规律，将0.236作为斐波那契数列的起始值，则可得出初始波价格生长黄金数列0.236、0.382、0.5、0.618、0.809、1、1.236、1.382、1.618、2.618、4.236、6.853等。去掉数列中不符合斐波那契数列的各项。

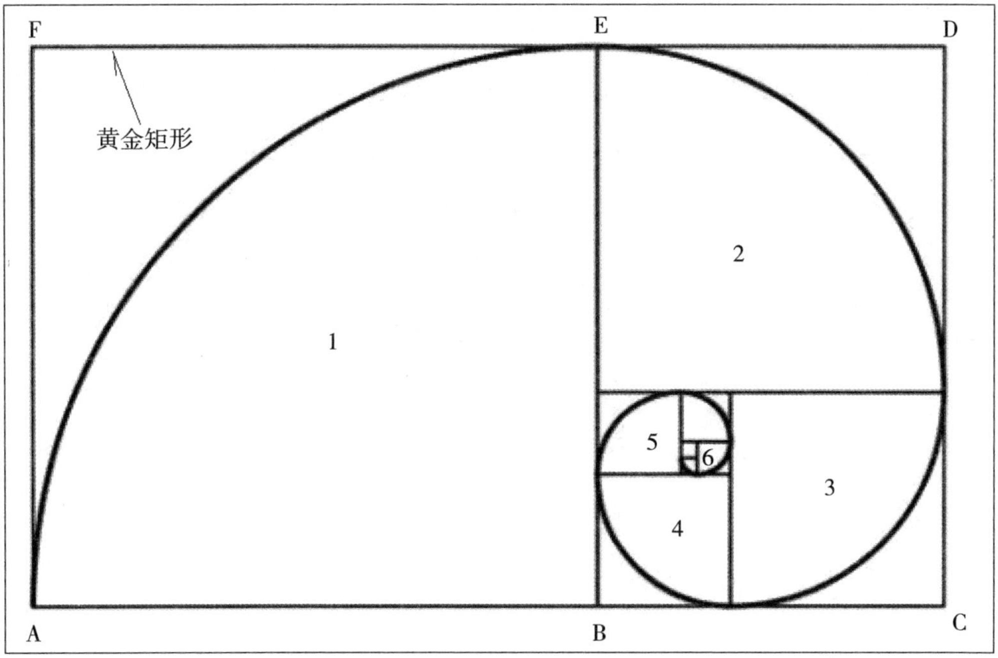

图4-2　黄金螺旋展开图

初始斐波那契数列：0.236、0.382、0.618、1、1.618、2.618、4.236、6.853……

价格成长定律：股票未来价格将按照“初始斐波那契数列”逐级成长。价格的成长与植物的生长过程是一样的，都遵循黄金螺旋规律，价格成长是逐级、逐层次进行的，展开的最大阻力在各级层次的最大直径上，而最大直径遵循斐波那契数列规律，最重要的位置是0.236、0.382、0.618、1.618、2.618、4.236、6.853等。

5.初始波价格生长规律与波浪理论

在研究与实践中我发现，在由初始波形成的上涨或下跌行情中，如果将0.236初始上涨波定为ⅰ浪，回调确认定为ⅱ浪，那么，第ⅲ浪的目标位基本就是由初始波幅计算出来的61.8%位。这段行情属于恢复性上涨行情，价格波动依然处于混沌时期。所以，在一般情况下，价格不会突破初始黄金比率61.8%位。

金融产品的价格一旦突破61.8%混沌区域上限，价格将进入一个快速成长阶段，价格成长的初级目标价位也是ⅴ浪的目标位，一般情况下为100%～161.8%区域。注意，金融产品的价格走势在进入快速成长期末端，价格是处于非理性状态，市场强，实际价格就比理论价格高，可能到达261.8%位，反之就低。完成161.8%初级目标后，市场将对这个价格成长过程进行调整，回头确认价格成长趋势是否成立，调整的位置最少是100%位，最深50%～61.8%位，否则确认失败，将不会完成终极目标任务。这个确认过程将构建第二个成长混沌区域。

6.价格区域的划分

为了能更清楚地认识金融产品价格运动规律，我们按照金融产品价格的运动性质，将金融产品价格未来的运动空间划分成三个区域。

混沌区域：将初始波61.8%黄金位以下的区域定义为混沌区域。

成长区域：将初始波61.8%～161.8%黄金位定义为初级成长区域。

目标区域：将初始波261.8%～423.6%黄金位区域定义为终极目标区域。

初始周期：将初始波运动时间定义为斐波那契数列的初始周期。

依据区域划分概念，价格的未来走势在时间、空间上都有了明确的概念。我们对价格空间结构的分析，主要是通过分析价格到达临界点时的表现，来判断、应对未来可能发生的变化。初始波斐波那契数列中，61.8%、161.8%、261.8%、423.6%是最重要的价格临界点，次临界点是38.2%、50%、100%、200%。

自然界中很多事物都是相通的。价格区域的划分是依据价格区域的运动性质划分的，价格一旦突破61.8%混沌区域界限，就会展开，进入快速成长区域。就像花朵成长的过程一样，61.8%内属于含苞待放，一旦张开，很快就会绽放，这是自然规律。实践证明，价格成长也是依据这一规律壮大的。

应用初始波概念分析价格走势，首先要确定一个初始状态是否成立（也是艾略特波浪理论中的第ⅰ浪和第ⅱ浪是否成立），如果确定成立，就可以依据初始波幅、初始周期，对价格未来走势在时间、空间上做出划分，确定区域目标，制订操作计划。这个过程是一个量化过程。

通过初始波幅、初始周期计算出价格未来生长空间及时间之窗，并将价格运动的目标位、黄金阻力位、时间之窗等数据在图表中画出，这样价格就有了一个初步的量化区域。为了进一步缩小价格分析区域，我们将黄金螺旋概念引入江恩1×1角度线，使得波动率有了明确的计算方法，这在价格分析中有着相当重要的理论意义和现实意义。

还有一点必须明确，价格走势的研究是建立在统计学基础上的，研究的是概率问题，若其结论80%以上符合现实，这个结论便认为是正确的、可靠的。

二、初始波幅、初始周期在实际中的应用

案例1　黄金T+D

如图4-3所示，黄金T+D于2015年7月31日创出215.59元的新低，之后反弹，初始波高点为242.47元。下面计算一下初始波的黄金价位。

波幅a=（242.47－215.59）÷0.236＝113.90元

23.60%位置：242.47元

38.20%位置：$a \times 0.382 + 215.59 = 259.10$（元）

61.80%位置：$a \times 0.618 + 215.59 = 285.98$（元）

100.00%位置：$a + 215.59 = 329.49$（元）

138.20%位置：$a \times 1.382 + 215.59 = 373.00$（元）

161.80%位置：$a \times 1.618 + 215.59 = 399.88$（元）

200.00%位置：$a \times 2 + 215.59 = 443.39$（元）

图4-3　黄金T+D空间结构

以215.59元为初始波起点做黄金位置图，黄金T+D完成初始波后，经过短暂的调整，黄金继续上行，2016年2月19日黄金跳空高开，突破底部平台上沿颈线，直接进入61.8%～80.09%区域，创出300.39元高点后进入调整，最低探至258.24元，这恰好是38.2%黄金支撑位，此时正是逢低进场做多的机会。上升调整区域的性质就是清理浮筹，聚集多头能量。调整后经过一段横盘整理，价格再次突破61.8%，上攻目标为161.8%～200%位置。

我们依据初始黄金区域的性质，来判断支撑位、阻力位以及目标位。价格在混沌区域内多以横盘区域振荡为主，一旦突破混沌区域61.8%的阻力位，股价将进入拉升阶段，第一目标是100%，如果股价走得比较强，那就是161.8%～200%位置，因为这个区域振幅比较大，所以，单凭初始黄金价位判断不一定准确，必须结合趋势线、角度线与成交量，来判断确认上升趋势是否延续。

如图4-3所示，100%位置是329.81元，3月19日价格突破100%位置，最高点是360.28元。但冲高后回调两次正好触及100%位置，强势特征明显，价格开启第2次上攻，最高到达200%位置。初始波幅在分析价格时空上给出了明确的位置，黄金T+D进入调整后，最深探至38.2%的位置，90%以上都在61.8%～38.2%的区域运动。

案例2　香港恒生指数空间结构图

如图4-4所示，时间之窗线是初始斐波那契时间周期，角度线应用初始波概念确定1：1线画出，初始起点为2016年2月19日18278.80点，初始波高点为2016年4月29日21654.07点，下面计算一下初始波的黄金价位。

初始波幅a=21654.07−18278.80＝3375.27（点）

61.8%目标位3375.27÷0.236×0.618＋18278.80＝27336.20（点）

100%目标位3375.27÷0.236×1.00＋18278.80＝32580.79（点）

实际情况是2018年2月2日高点为33484.08点，误差903点，误差比例为2.7%。创出高点后进入调整，股价基本上是在50%至80.9%区间运行。由图4-4可以看出，应用初始数据画出的时间之窗与角度线，对股价的作用都是相当大的。初始波幅与初始周期所给出的价格与时间之窗的预测，可以说是很神奇。运用这一概念，跟随趋势加仓减仓，就有了明确的操作点位。

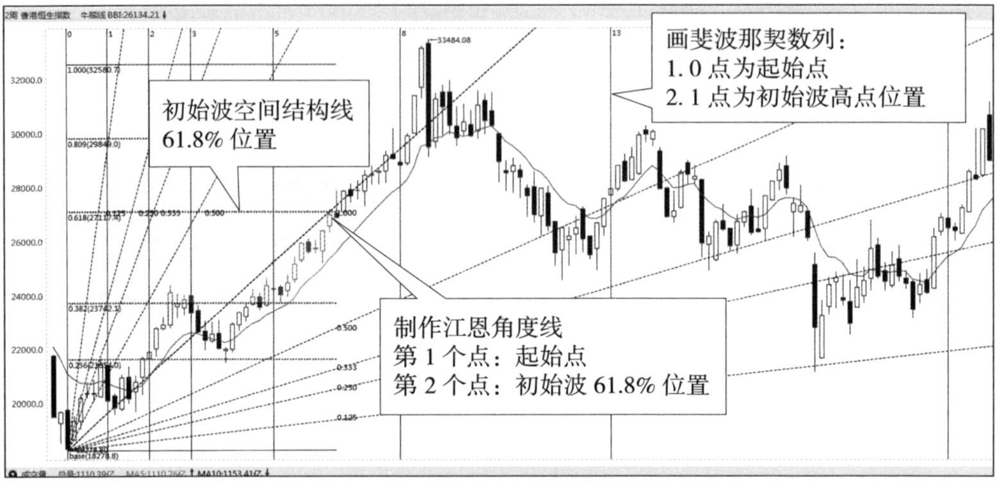

图4-4　恒生指数2016年2月初始空间结构图

第二节　量化交易——买卖点概念

多年的实践经验表明，实现量化交易，首先必须明确交易级别，其次就是明确买卖点。原因很简单，就是交易者一定要知道是从哪里开始，最后在哪里结束。你不能在一个用30分钟级别趋势确定的买入计划买入，而在日线级别趋势上监控持仓。30分钟趋势走坏出现卖点，日线上是不可能做出卖出决定的，这笔交易很容易被套。交易级别对于初学者来说不容易掌握，但也是必须掌握的，初学者一开始应从两个级别做起。

举个例子说明一下级别，一个日线级别下跌趋势的终结，将有一个确定性较强的30分钟反弹行情要展开。明确了这一点，在日线级别下跌趋势即将终结时，我们就要做好准备，去交易这段30分钟行情。交易级别就是30分钟级别，分析与操作也都要以30分钟图为依据。交易级别明确了，还要对买卖点给出一个明确的定义。

一、1、2、3类买卖点的定义

技术分析就是分析、监控价格成长走势过程中出现的一些关键性价位节点，也就是应对策略点，一般情况下，我们把这些节点分成1、2、3类买卖点，见图4-5、图4-6。

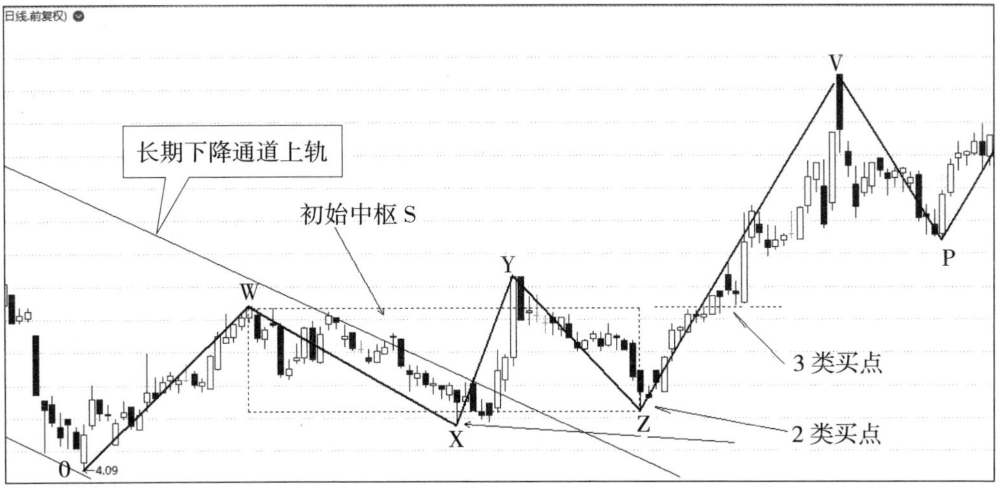

图4-5　中枢确定的1、2、3类买点

1类买卖点是某段行情价格运动中的最低点和最高点，一般在本级别趋势运动中不可把握，不具备可操作性，1类买卖点是本级别初始波的起点，有重要的技术分析意义。

2类买卖点是当出现1类买卖点后，行情上涨或下跌，回头确认，二次回头确认，不创新低或新高而产生的较低点和较高点，成为本级别2类买卖点。2类买卖点是初始波完成的确认点，是操作中的最佳买卖点，需要熟练掌握。图4-5中的X点和Z点就是2类买点。

3类买点是价格突破整理区域出现的买点，整理区域又分为初始中枢区域和混沌区域，因此，3类买点有两种。

如图4-5所示，一是由初始中枢确定的3类买点，价格突破初始中枢，回踩时产生的相对低点就是中枢3类买点。价格突破W点，回头确认的区域低点就是中枢3类买点。二是价格突破混沌区域上轨，回踩产生的混沌区域3类买点，是操作性最强、最重要的买点，见图4-7。

如图4-6所示，由初始中枢确定的1、2、3类卖点，价格跌破上升通道下轨支撑线，回头确认振荡形成中枢，第一次反弹形成的高点为2类卖点，之后再次下降跌破中枢回头确认为3类卖点。

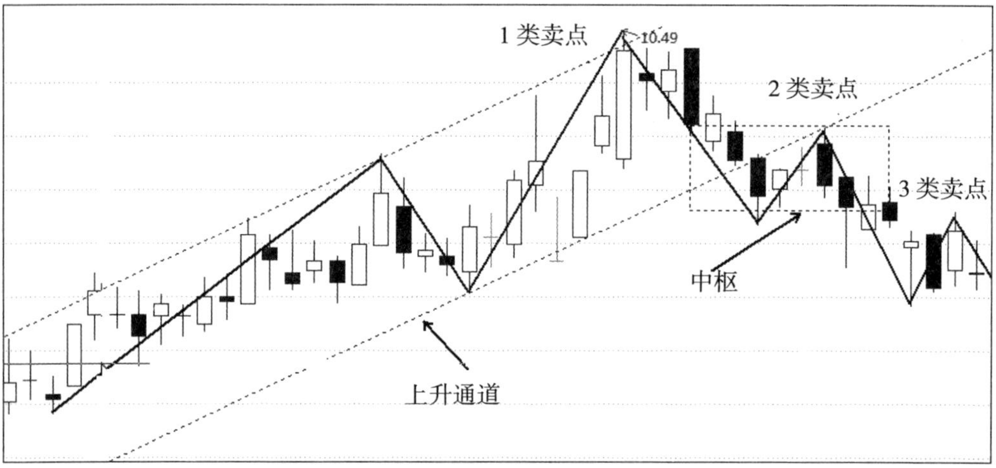

图4-6　中枢确定的1、2、3类卖点

二、1、2、3类买卖点的性质和交易策略

1. 1类、2类买卖点的性质及交易策略

如图4-5所示，1类买卖点和2类买卖点都是混沌区域内试探性的建仓、减仓点，所对应的操作策略是振荡策略，在混沌区域初始波黄金位23.6%～61.8%内高抛低吸，不断摊低成本，直到价格选择突破方向，再变换应对操作策略。价格在混沌区域内，其突破方向是无法判定的，混沌区域

内的价格交易属于场内资金交易，只有当场外资金介入，才能打破混沌状态，其突破方向是由这个外力决定的。2类买点买后价格迅速拉回混沌区域23.6%～38.2%内，是决定2类买点是否成功的关键。

2. 3类买卖点的性质及交易策略

3类买卖点有两种确定方法：一是以初始中枢概念确定的3类买卖点，二是以混沌区域上轨确定的3类买卖点。3类买卖点是确定性较强的买卖点，在实际交易中相当重要，一定要认真学习掌握。

（1）中枢确定的3类买卖点。

当WZ结构确定后，价格突破中枢上轨或下轨，回头确认，不触及上轨或下轨所产生的买卖点。

操作策略：混沌区域内的操作策略与2类买卖点相同。价格突破混沌区域将展开单边行情，以持仓为主，仓位控制应在80%以上。

（2）混沌区域确定的3类买点。

当价格突破混沌区域，回头确认混沌区域上轨所产生的买点，是即将展开单边行情的最佳买点，也是技术分析、监控的重要关键节点。这种3类买点所对应的是单边行情，相对应的策略是多头至少保持80%的仓位，空头只留20%仓位作为底仓，如图4-7所示。

3类买点是否可以操作，主要看突破混沌区域后的回调力度，回调力度小，说明场外资金力量强，应及时介入；回调力度大，说明场内资金卖出压力大，需谨慎。要提醒大家的是，不是说3类买卖点出现，就一定涨或跌，就一定会创出新高或新低，创出新高或新低是大概率事件，但不是绝对的。

如图4-8所示，价格突破61.8%混沌区域上轨，不一定就不会撤到混沌区域内。同仁堂第一次突破混沌区上轨回撤时，就重新回到混沌区域内。此时，结合上升通道线就可以看出，当价格回到上升通道中轨时受到支撑，出

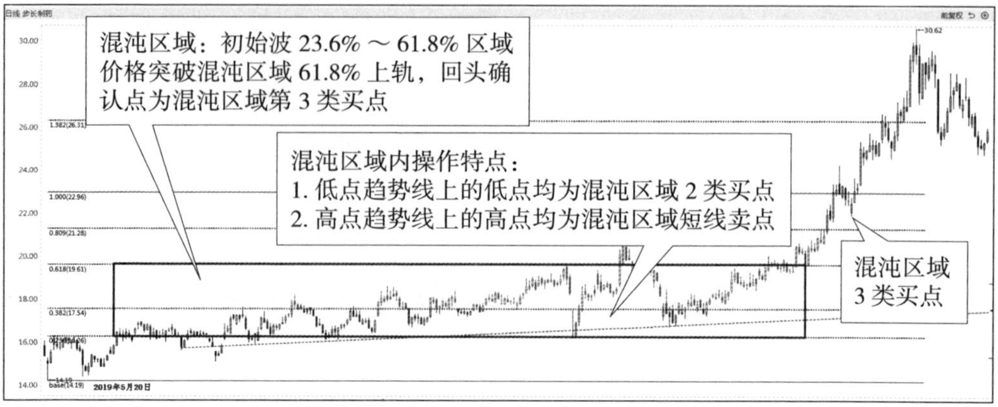

图4-7　混沌区域确定的3类买点

现了一个很好的2类买点。这就是为什么强调股票交易不能一次性满仓操作的原因，操作都是反反复复、试探性的，交易要做好两头堵的准备。

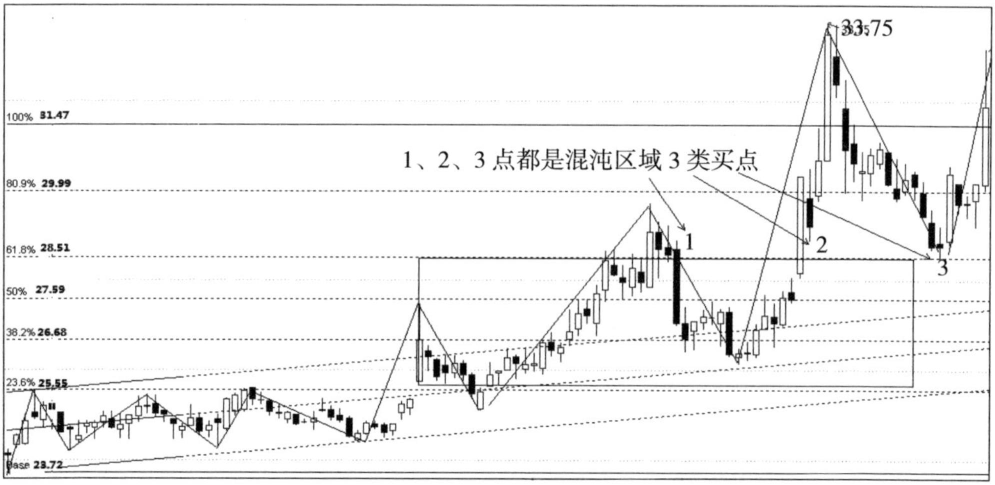

图4-8　同仁堂混沌区域3类买点

经过长期横盘，价格突破混沌区域上轨，回撤到混沌区域内，没有破前低点，出现的2类买点是相当重要的一个2类买点。二次上攻突破混沌区域上轨，回撤形成第二次3类买点，就确定价格将走出3浪，3类买点就是3浪ⅲ的起点，是一个确定性很强的买点，见图4-8中的1、2、3点。

还要注意的是价格形态，3点是混沌区域3类买点，但是价格处在多空线下方，是空头态势。如果买入后价格向上突破时遇到日线多空线（DKX）压制，不能向上突破，就要择机卖出。价格在日线DKX线遇到阻力，不能逾越，就要选择向下寻求支撑，此时价格向下寻求的第一个支撑位，就是上升通道的上轨、中轨及下轨，如果在中轨上方止跌，止跌点将是一个很好的混沌区域2类买点，具体操作细节要到15分钟或30分钟图上观察。

在实际操作中，在混沌区域3类买卖点出现后，启动相应的交易策略，而这个交易策略正确与否是存在不确定性的，后面要有全方位的应对策略，以应对变化。变化是永远的，不变是暂时的。

3. 60分钟级别5G ETF交易过程分析

如图4-9所示，2020年2月26日5G ETF创出低点0.933元，行情开始上涨，经过x点回头确认，z点二次回头确认，z、k点成为确定性初始中枢2类买点，我们在0.948元建立60分钟级别50%仓位。价格突破混沌区域61.8%上轨，又经两次回头确认，在m点成为60分钟级别混沌区域3类买点，加仓50%，总仓位100%。价格到达1.050元高点开始调整，当跌破多空分界线

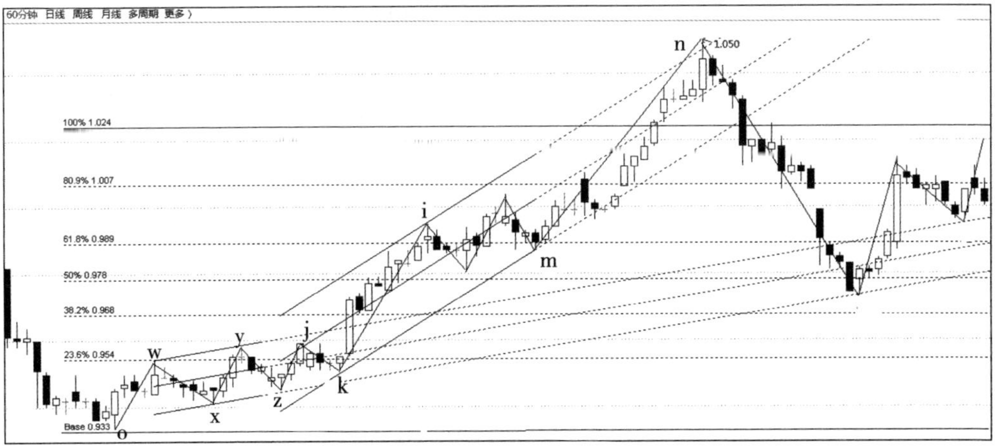

图4-9　60分钟级别5G ETF分析、交易过程

1.030元时，我们去15分钟级别确认，60分钟级别卖点出现，1.031元卖出80%仓位。

（1）初始中枢结构成立，形成确定性买点。

如图4-9所示，由0w、wx、xy、yz、zj、jk六条线段构成了三个二波结构。二波结构Ⅰ形成了初始波结构，二波结构Ⅱ是对初始波结构的确认过程，结束点z的完成确定初始中枢成立，z点被认为是一个确定性买点。二波结构Ⅲ完成，k点没有破前低，出现中枢3类买点，k点的确定性要比z点更加可靠。k点的完成也是对多空循环Ⅰ的第二次确认，确认成功，多头胜利，将产生一个向上的多空循环结构。

（2）初始上涨通道线的作用。

如图4-9所示，形成初始中枢后，使用延长回归通道线（中信建投软件、大智慧、东方财富都有），以0点为起点，通过w、x、y、z点画出初始上涨通道线，通道线上重合的点数越多，越可靠。这个通道线的意义重大，是这波行情回调的最后防线。

当价格突破初始中枢高点，完成初始上涨目标i点后，还是使用延长回归通道线，画出变轨后的上涨通道线。由k点起的变轨通道，是通过i点、m点画出的，这个通道也很重要，对上涨目标有控制作用。

如图4-10所示，为30分钟级别初始波空间结构，起点是2019年11月27日的0.933元，初始高点是11月28日的0.954元。

$A=（0.954-0.933）\div 0.236=0.089$（元）

价格成长空间目标公式：$H=r+A\times 1.618^{n}$

这个公式下文将有详细讲解，有兴趣的读者可依据初始波起点2019年11月27日的0.933元、初始高点11月28日的0.954元，自己计算一下30分钟级别的初始波空间结构。

图4-10　30分钟级别初始波空间结构

第三节　空间结构理论

空间结构理论也就是初始波理论，是斐波那契数列在空间结构分析上的应用，本节主要介绍与画线有关的空间结构分析理论。

一、价格空间结构生长逻辑

价格走势属于大众行为，是自然界的一个动态系统。价格的成长与植物的生长过程是一样的，都遵循黄金螺旋规律。价格成长是逐级、逐层次展开的。在自然界，遵循黄金比率与斐波那契数列规律所构建、成长壮大的体系，最为简单，沿着斐波那契数列生长的阻力最小。自然界并没有必要规划其未来形态，斐波那契数列所反映的完全是自然界中的自然规律。如蜗牛外壳的生长，外壳的生长速度永远大于内壳，内外两层之间生长速度的差异，自然形成对数螺旋模式。研究表明，价格生长逻辑遵循由初始波计算得出的斐波那契数列排布规律，这个数列是0.236、0.382、0.618、1.618、2.618、4.236、6.853等，其中0.618和1.618最为重要。

价格成长属于自然界动态系统的一部分，其成长规律遵循初始斐波那契数列：0.236、0.382、0.618、1、1.618、2.618、4.236、6.853……由初始斐波那契数列构建的价格空间结构就是价格成长的“DNA结构”，我们只要找到价格成长的初始值，就可以依据初始斐波那契数列构建的价格空间结构逻辑计算出其中的某一个具体目标价位。这就是我们实现量化交易的理论基础。当初始波基本结构确立后，上涨波幅a确定，这个a就是我们要找的初始值，也就是价格成长的DNA。

二、量化交易的两个重要计算公式

1.未来空间结构计算公式

（1）初始波上涨目标公式。

初始基本目标公式：$H=r+A\times0.618$（1浪上涨目标）

价格成长目标公式：$H=r+A\times1.618^n$（3、5浪上涨目标价格）

其中，$a=u-r$；$A=a\div0.236$；

u——初始波最高点w的价格；

r——初始波起点0的价格；

A——初始上涨100%幅度；

a——初始上涨23.6%幅度。

1.618的n次幂——初始波斐波那契数列中的一项

例如，当n为自然数0、1、2、3、4、5……时，1.618^n分别是1、1.618、2.618、4.236、6.853、11.09……见图4-11、图4-12。

（2）由初始波构筑的斐波那契数列规律。

初始值$F_0=0.236$、$F_1=0.382$……$F_n=F_{n-1}+F_{n-2}$（$n\geqslant2$，$n\in N^*$）

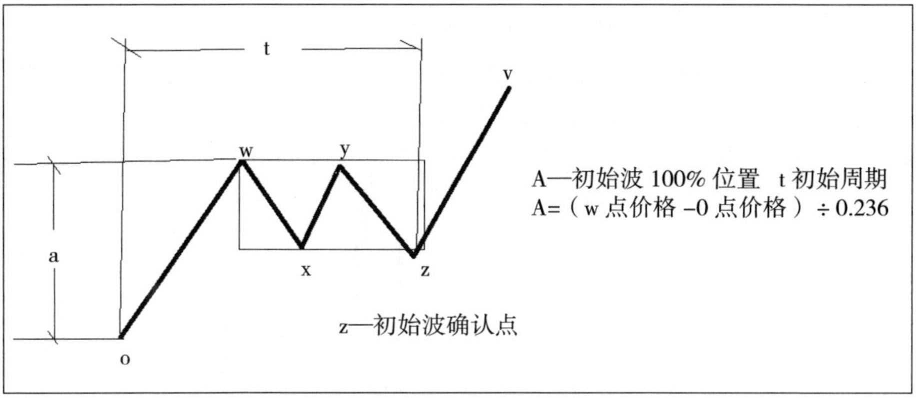

图4-11　初始波结构

初始波斐波那契数列：0.236、0.382、0.618、1、1.618、2.618、4.236、6.853……

2.实例分析——闻泰科技

闻泰科技2006年5月的初始低点为0.96元，第一波上涨高点为6.80元。

初始波幅：$a=u-r$

价格目标计算公式：$H=r+(u-r)\div0.236\times1.618^{n}$（n＝1、2、3、4、5……）

n＝0时，$H=0.96+(6.80-0.96)\div0.236\times1.618^{0}=25.71$元

n＝1时，$H=0.96+(6.80-0.96)\div0.236\times1.618^{1}=41.01$元

n＝2时，$H=0.96+(6.80-0.96)\div0.236\times1.618^{2}=65.76$元

n＝3时，$H=0.96+(6.80-0.96)\div0.236\times1.618^{3}=105.80$元

n＝4时，$H=0.96+(6.80-0.96)\div0.236\times1.618^{4}=170.64$元

如图4-12所示，闻泰科技的空间上涨逻辑结构就是依据上面的计算画出的。未来价格上涨结构逻辑是指在一个新生的上涨或下跌趋势中，价格上涨或下跌的成长逻辑。初始波幅a作为分析研究价格未来生长空间结构的基本单位，在未来空间结构分析上有重要的意义。重要的初始黄金位是由初始波

幅a计算出来的，图中标注的是初始黄金位。

图4-12　斐波那契数列空间成长逻辑结构

三、应用反向调整波幅计算价格成长目标

如图4-13所示，一个初始上升或下降波形成之后，在螺旋机制的影响下，会出现AB段反向调整走势，待调整完成重新回到主趋势运动方向，其主趋势延伸段BC与反向调整段AB存在1.618^n的倍数关系，n为自然数0、1、2、3。反向初始波幅（AB段）终结后，当价格重新回到主趋势运动方向，并且突破前期高点或低点，形成主趋势运动的延续，我们就可以应用反向初始波幅（AB段）来预测市场未来的成长目标。

目标价格计算公式：

①上涨市场$P_t=P_2+(P_1-P_2)\times 1.618^n$

②下跌市场$P_t=P_1-(P_1-P_2)\times 1.618^n$（n＝0～3）

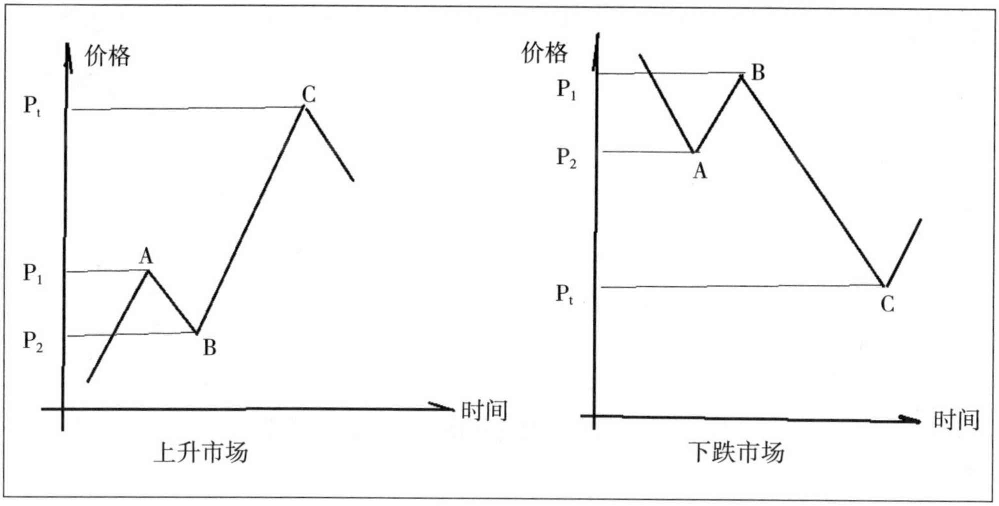

图4-13　目标价格1.618^n计算公式

四、初始波时间周期

1.自由斐波那契线

如图4-14所示，用斐波那契线作为初始波时间周期，分析一下同仁堂的时间之窗与初始空间结构。起始时间是2020年12月25日，初始周期点是2021年1月6日，可以看出，时间之窗的描述是准确的。

2.斐波那契数列

如图4-15所示，信维通讯初始波的起点是2020年3月30日的34元，初始波高点为4月7日，应用斐波那契线画出初始波时间周期，时间之窗的描述也是准确的。

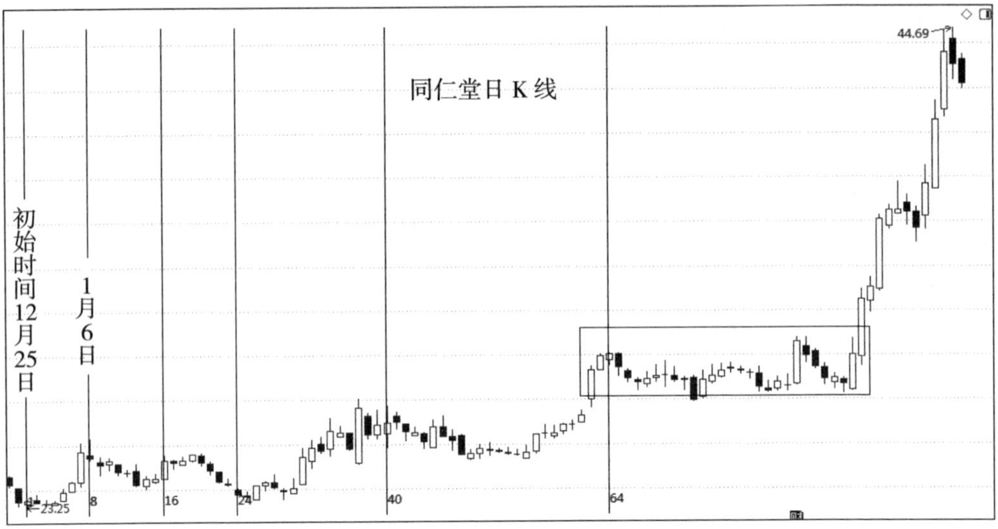

图4-14　初始波时间周期——斐波那契线

图4-15　初始波时间周期——斐波那契线

第五章

空间结构线

本章主要讲解如何应用画线工具，分析和判断价格的目标区域。

第一节 空间结构线的画法与应用

一、空间结构线的画法

空间结构线的画法与趋势线的画法一样，最重要的是找准两个基准点，具体画法我们举例说明。

图5-1为阳光电源的日K线图。阳光电源于2021年3月25日完成一波调整，在最低点60.76元之后形成一波反弹，价格突破下降趋势线，第一波反弹高点为78.78元，价格进入调整。价格突破下降趋势线，调整完成后就可能出现右侧交易买点，当下我们要做的是等待、观察这个30分钟级别买点的出现。当30分钟级别出现确定性买点，首先建半仓，然后等待价格突破第一波反弹高点78.78元，上升趋势确立，再加大仓位。

如图5-1所示，调整最低点60.76元和第一波反弹高点78.78元，是我们画图的基础数据。在软件中打开画图工具，选择黄金分割线作为画图工具，将画笔中黄金分割线的起点对准上升趋势起点60.76元，然后向上拉。将画笔中黄金分割线的23.6%线对准第一波高点，松开手就完成了画线。注意画线点位是可以校正的，校正办法是将鼠标放在起始线上，点击鼠标右键，选择设置属性，点击定位点设置。设置栏中的第一个点位就是起始点，如果数值不对，按起始点价格修正即可，第二个点是100%位置，需要计算一下再更改。

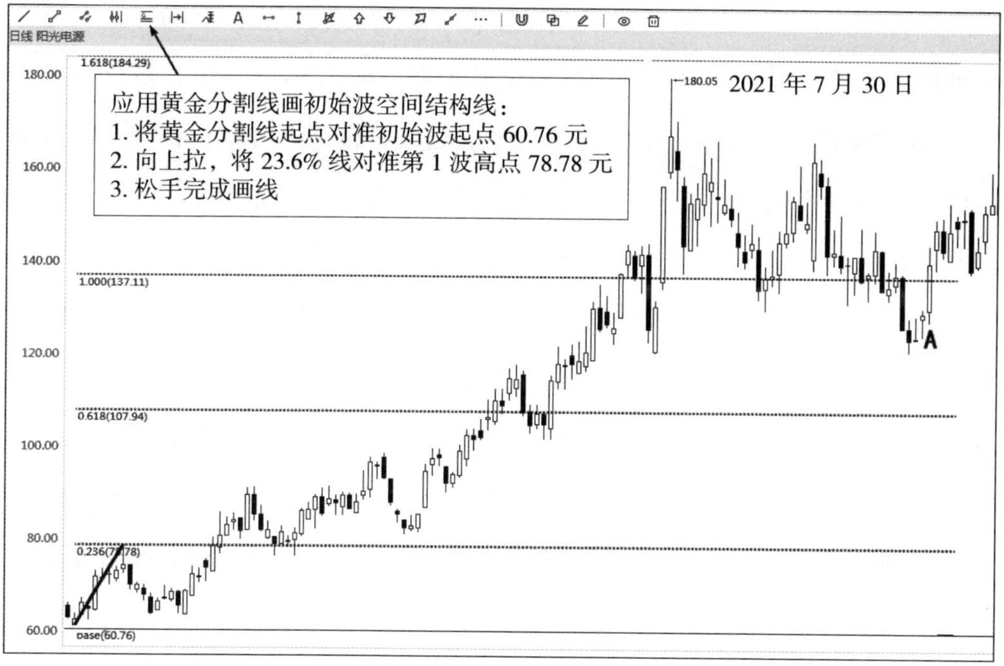

图5-1 阳光电源日K线图

未来空间结构计算公式：$H=r+A\times1.618^{n}$（n=0，1，2，3，4……）

在这个例子中，n=0，r=60.76元，A=（78.78－60.76）÷0.236=73.35元。100%位置是137.11元。

二、空间结构线的应用

在对价格走势多年的研究与实践中，我发现，在由初始波a形成的上涨或下跌空间结构行情中，如果将0.236初始上涨波定为ⅰ浪，回调确认定为ⅱ浪，那么，第ⅲ主升浪的目标位基本是初始波幅计算出来的空间结构比率的61.8%位。这段行情属于恢复性上涨行情，价格波动依然处于混沌时期。所以，在一般情况下，价格不会突破初始空间结构比率61.8%～80.60%区域。

价格一旦被确认突破61.8%混沌区域上轨，就将进入一个快速成长、拉升阶段。空间结构比率的161.8%位置将是这一成长的基本目标位。注意，价格走势在进入快速成长期末端，价格是处于非理性状态的，市场强，实际价格就比理论价格高，也可能走出超级延长走势，到达261.8%位，反之就低。完成161.8%初级目标后，市场将对这个价格成长过程进行调整，回头确认价格成长趋势是否成立，调整的位置最少是100%位，最深是50%～61.8%位，否则确认失败，将不会完成终极目标任务。

初始空间结构比率：0.236、0.382、0.618、1.000、1.618、2.618、4.236、6.853……是以初始值0.236定义的斐波那契数列。在这个斐波那契数列中，61.8%、161.8%、261.8%、423.6%是最重要的价格临界点，次临界点是50%、100%、200%。在应用时，当价格到达或接近重要价格临界点，都需要投资者在5分钟或30分钟级别上结合趋势线判断价格是否发生逆转。每个重要的空间结构比率价位都是价格支撑与压力位置，分析、交易时应重点注意支撑位与压力位的互相转换。

三、应用实例

实例1　安集科技（日线）

如图5-2所示，2019年12月4日，安集科技上市后调整的最低点是73.44元，第一波反弹高点为145.72元，这两个数据是我们画空间结构图的基础数据。在软件中打开画图工具，选择画图工具中的黄金分割线，将画笔中的黄金分割线起点对准上升趋势起点73.44元，然后向上拉，将画笔中黄金分割线的23.6%线对准第一波高点145.72元，松手就完成了画线，再校正。

从图5-2中可以看出，3浪以50%位置为中心展开振荡，5浪以80%为中心展开振荡，5浪最高点与空间结构100%位置的379.71元，仅差6%左右。从初始波理论上讲，安集科技上市以来第一波的上涨目标应在61.8%～80%区间，这也跟初创企业上市后，市场需要长时间博弈才能给出定价有关，而这个博弈过程就体现在价格始终在混沌区域（23.6%～61.8%）内反复振荡。

图5-2　安集科技日K线图

在操作上，应用空间结构、趋势线和形态结构，很容易判断并确定出一个较小的卖出区域，在这个例子中，当4浪结束向上突破3浪高点，我们就将分析、交易移到30分钟级别上，也就是当5浪突破3浪高点形成上升趋势，我们就在30分钟 K线图上画出上升趋势线，用这条趋势线监控价格运行状态，当价格跌破30分钟级别趋势线时及时卖出。另外，成交量也是确定5浪高点区域的一个主要依据，5浪高点区域成交量明显小于3浪高点区域成交量。

实例2　腾达建设（周线）

如图5-3所示，2018年10月19日，腾达建设创出上市后的调整最低点1.90元，第一波反弹高点为2.62元，这两个数据是我们画空间结构图的基础数据。在软件中打开画图工具，选择画图工具中的黄金分割线，将画笔中黄金分割线起点对准上升趋势起点1.90元，然后向上拉，将画笔中黄金分割线的23.6%线对准第一波高点2.62元，松手就完成了画线，再校正。

从图5-3中可以看出，3浪高点正好是50%位置，5浪接近80%位置，5浪高点区域与理论目标区域61.8%～80%基本一致。

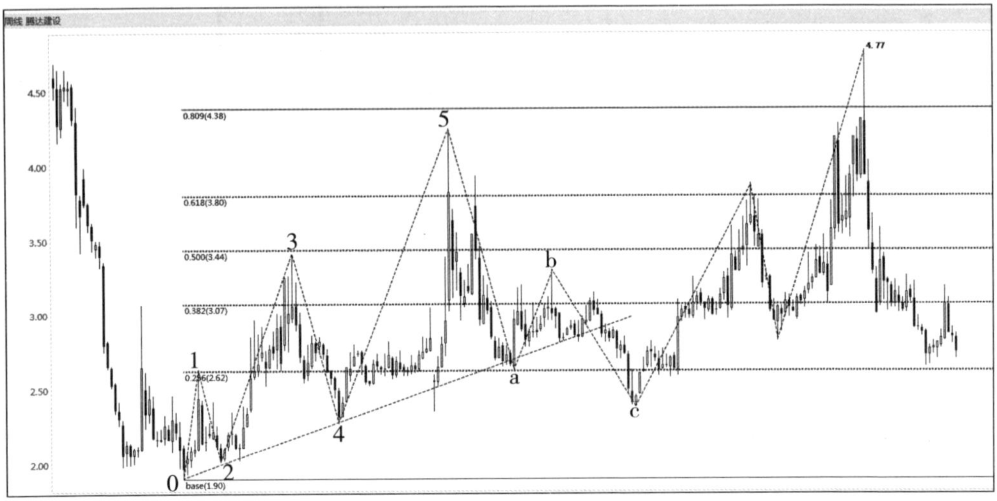

图5-3 腾达建设周K线图

实例3 海尔智家（周线）

如图5-4所示，为海尔智家在2020年3月23日13.43元为起点的日线级别上涨行情（周K线图）。在日线级别上，价格突破61.8%混沌区域上轨、回探，在二次向上突破混沌区域后，形成3类买点，走出主升3浪和第5浪，上涨目标同样是161.8%、261.8%和423.6%初始黄金位。

应用价格有效突破混沌区域61.8%上轨，形成的混沌区域3类买点，是寻找介入3浪的最佳时刻，这条规律在价格运行中很普遍，80%以上的股票都符合这个特性。

股票价格运行中，2浪整理时间是不好确定的，可以确定的是2浪横盘振荡区间就是初始波混沌区域。1浪的初始目标基本上是混沌区域61.8%上轨，

3浪的目标是初始波161.8%位置，上下不会大于10%。大势比较弱就低一点，大势强就高一点。

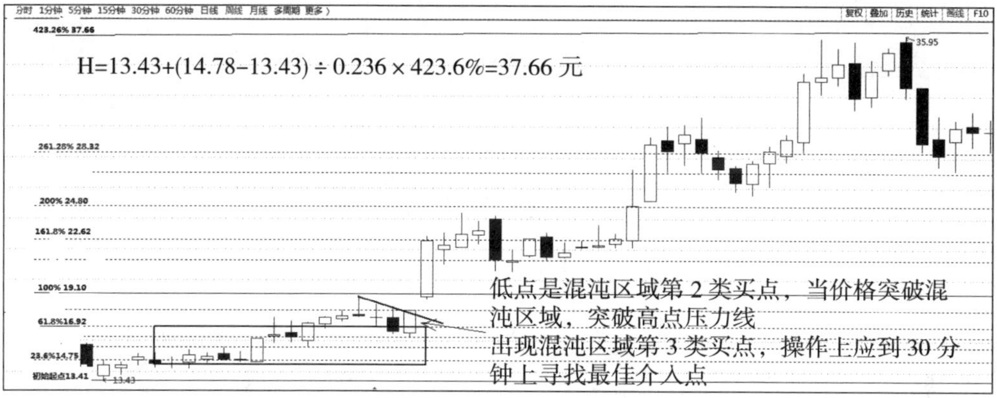

图5-4　海尔智家周K线图

第二节　波浪尺及应用

当一个二波结构完成后，无论是形成多头还是空头，都可以应用波浪尺去测量它的未来空间结构，具体画法还是通过实例讲解更容易理解。

实例1　上证指数30分钟K线

如图5-5所示，当由0～1段和1～2段组成的二波结构形成后，就可以应用波浪尺测量2～3段的空间结构。点击工具栏中的画图，选择空间，选取波浪尺，将起点放在2点上，向上拉到1点，松手完成画线。画完波浪尺也可以校正，校正方法与空间结构线基本相同。

波浪尺一般用于测量三波反弹或下跌行情中第三波的上涨或下跌空间结构。波浪尺有五个空间价位，分别是38.2%、61.8%、100%、161.8%、261.8%。应用时结合趋势线，仔细观察价格在到达某一价位时，是否有走弱或发生跌破趋势线的现象，跌破趋势线时及时出局观望。波浪尺给出的空间结构使操作者在操作上多了一个参考维度，用久用熟了就会知道它的妙处，无论是5分钟还是30分钟、日线、周线都可以使用。

图5-5 上证指数30分钟K线图

实例2 广汽集团——应用波浪尺测量锯齿形C浪调整空间结构

如图5-6所示，2021年9月7日广汽集团创出20.72元高点，应用波浪理论划分，这波走势属于月线级别三浪1走势，也就是说，我们当下分析的是三浪2走势。三浪2属于锯齿形调整，其调整结构是5-3-5结构，也就是说，A浪是5波调整，B浪为3波反弹，C浪也是5波调整。这个例子是典型的用B浪反弹幅度为原始数据，用波浪尺测量锯齿形C浪调整空间结构的例子。同时也用C浪2反弹幅度为原始数据，用波浪尺测量锯齿形C浪5调整空间结构。两组数据综合，就可以得出一个较小的空间区域，这个较小的区域就是我们观察寻找C浪5终结的区域。当价格在此区域反弹并突破C浪下跌趋势线，就出现了右侧交易机会，待回调确认突破成功，就可去5分钟或30分钟级别寻找最佳介入点，并将C浪低点设置为止损点。

（1）具体画法。①点击工具栏中的画图，选择空间，选取波浪尺，将起点放在B点上，向下拉到A点，松手完成画线，校正；②点击工具栏中的画图，选择空间，选取波浪尺，将起点放在2点上，向下拉到1点，松手完成画线，校正；③连接2、4两个点形成C浪调整趋势线。

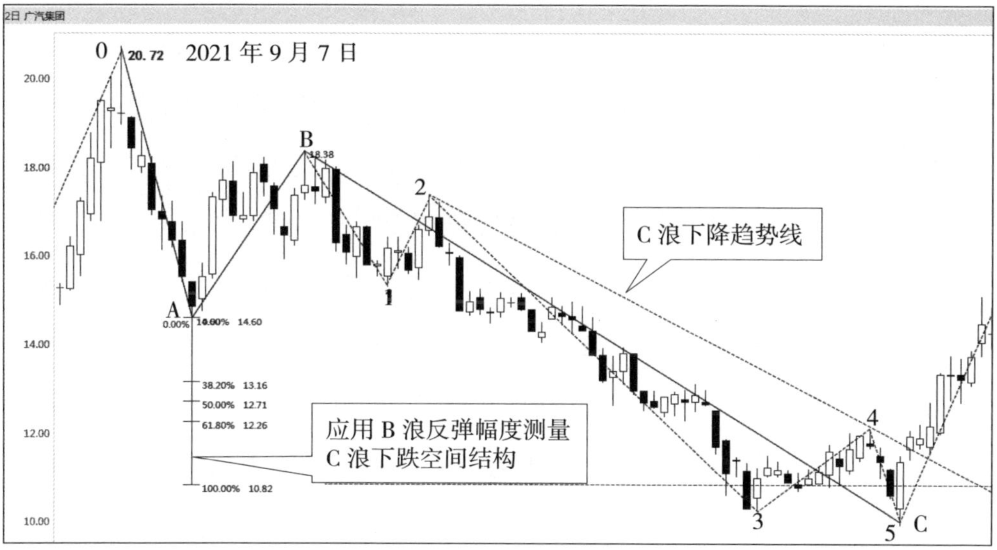

图5-6 广汽集团日K线图

（2）综合分析。应用B浪测量C浪调整100%位置是11.08元，应用C浪2测量C浪5调整161.8%位置是10.62元，实际低点是10.48元，两组测量数据在10.50～11.08元区域发生共振，股价在低点10.48元处发生快速反弹。第二天股价跳空高开，向上触及日线多空线后开始调整，经过十几天的整理，股价横盘突破C浪调整趋势线。2022年4月8日，放出自调整以来底部最大的一个成交量。4月11日（星期一）随大盘回调至日线多空线，出现最佳的右侧交易介入时机，于11.23元建立仓位。

再看一下价格进入10.50～11.08元区域，趋势上价格突破C浪调整趋势线，空间上到达两组测量数据临界点区间，形态结构上C浪5完成，也就是这波5-3-5锯齿形调整终结。价格在趋势、空间、形态结构以及成交量4个维度上均出现终结信号，发生一次和谐共振。当下可以明确地判断，广汽集团月线级别的三浪2调整结束。

实例3　闻泰科技——不能仅凭波浪尺空间结构补仓

如图5-7所示，2022年5月10日，闻泰科技的最低点是58.15元，依据C浪2反弹幅度，计算C浪261.8%位置是59.11元，因此，当价格跌破59元，我在58.62元附近建三成仓。我分析闻泰科技当下运行的是4浪平台型调整，C浪破一下前面A浪的低点也就完成了，也就是说，我将图中的4浪反弹误认为是初始ⅰ浪。这个判断源于在30分钟级别上ⅰ浪内部已经形成5波下跌走势，趋势上也突破了30分钟调整趋势线。市场不好，股价回探前低点也是正常的，也就是说，在价格调到58.62元附近建三成仓是没有错误的，反弹到82元附近卖出也没有毛病，毛病是在已经跌破前低3点的情况下急于加满仓。依操作规则，前低3点58.15元是止损点，跌破后应当止损，实际操作中不仅没有止损反而加满仓。

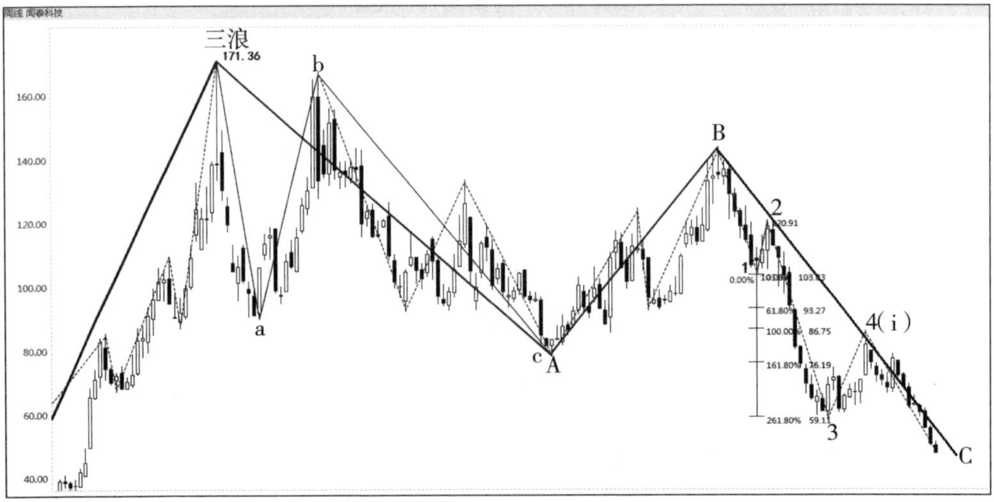

图5-7　闻泰科技周K线图

理论上，跌破3浪低点至少要向下扩展4浪反弹幅度的0.382～0.5倍，4浪反弹幅度为28.17元，0.382～0.5倍位置是47.39～44.05元。如果临盘时不着急，理性地分析一下，至少不会在62.50元左右加仓。当时临盘只是凭感觉，还维持在原有分析模式下，对价格跌破前低（之前判断不会跌破前低）没有应急预案，才导致凭感觉操作。结果价格呈瀑布式下跌，套牢其中，根本没有反弹机会，只能被动持仓。操作上还有一个毛病就是以小代大，只注重30分钟级别，忘记日线上的价格始终是空头态势。好在闻泰科技基本面不错，连跌三天50元以下已经没有太大风险，割肉止损已不是明智之举，相反，从9月28日开始我启用备用金，在50元下方又分批加五成仓，总仓位达到150%。后加的五成仓作为短线仓位，在58.15元下方至调整低点区域内做高抛低吸。

第三节　黄金分割比例与同级别推调比

黄金分割比例是一个简单的画线工具，主要用于测量上涨行情中的回调比例或是下跌行情中的反弹比例。通过测量这些反向运动比例，来判断主要行情的延续与衰竭。黄金分割比例虽然简单，但在应用中也必须注意两点：是测量的这段回调或反弹比例行情是针对哪波上涨或下跌行情，也就是测量必须找对反向趋势行情与主动趋势行情的相对关系；二是学会用波浪理论。

我将反向趋势行情与主趋势行情的相对关系称为“同级别推调比”。同级别推调是应用波浪理论分析价格走势的核心基础，只有明确了推动浪与调整浪的级别关系，才能正确地划分各个级别的波浪，达到正确数浪的目的，才能找出正确的起点，找出当下价格所处的级别位置。

研究同级别推调比例关系主要从三个方面：①形态结构上的划分（波浪理论）；②同级别推动浪与调整浪的空间黄金比例关系；③同级别推动浪与调整浪的时间关系。

下面就从这三个方面讲解如何判定同级别推动浪与调整浪。

一、5-3结构中同级别推调浪

如图5-8所示，从艾略特的5-3结构中可以找到4组同级别推调浪：①2浪对1浪的调整；②4浪对3浪的调整；③b浪对a浪的调整；④（2）浪对（1）浪的调整。

二、5-3结构中同级别推调浪的回撤比例

在艾略特的5-3结构中，理论上调整浪的回撤比例分别是：①2浪对1浪的回撤比例一般为0.618～0.809；②4浪对3浪的回撤比例一般为0.382～0.5（3浪走出延长，4浪回调0.5～0.618）；③锯齿形（双锯齿形）的b浪对a浪的回撤比例一般为0.618～0.7。

如图5-8所示，为五粮液上市以来的季度K线图（2022年4月数据）。当下五粮液的走势是上市以来季度线级别的大（4）浪，（3）浪走出了超级

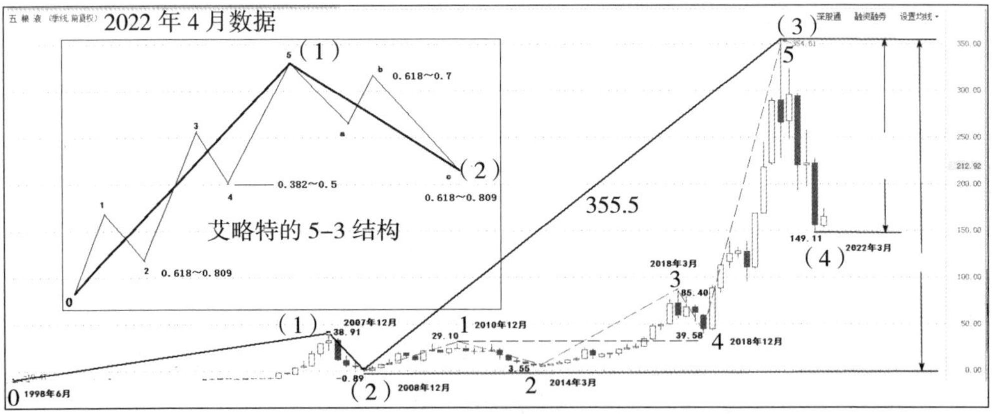

图5-8　上升趋势的5-3结构

延长浪，（4）浪的实际回调低点149.11元接近0.618位置（135.50元）。在（3）浪的内部，子浪2浪、1浪与4浪、3浪两组同级别回调比例关系完全遵从波浪理论同级别推调比关系。

三、5-3结构中同级别推调浪的时间比例关系

1.时间＝价格

在艾略特波浪理论中，有关时间的论述可以说是一笔带过。对于时间，我认为江恩对时间周期的论述是确切的。江恩认为，在一切决定市场趋势的因素中，时间因素是最重要的一环，其原因有二：一是时间可以超越价位平衡，这是江恩理论的专有名词，所谓“市场超越平衡”；二是当时间到达，成交量将增加，从而推动价格升跌。江恩对时间周期的论述听起来好像不太容易明白，下面进一步解释。

当市场在上升趋势中，若是调整的时间较之前的同级别调整时间都长，表示本次市场下跌已经升级，行情即将进入转势；若价格下跌的幅度较之前的同级别调整幅度都大，表示市场已经进入转势阶段，如图5-9所示。

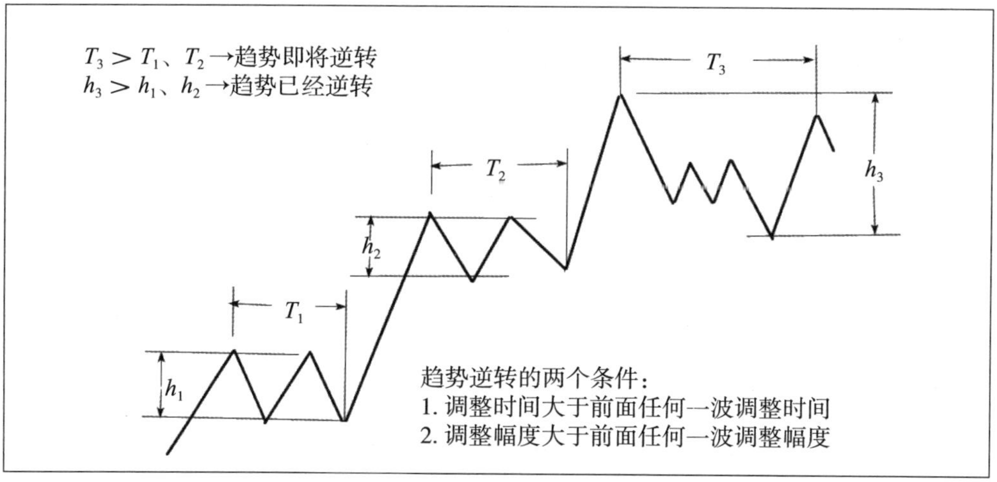

图5-9 市场的时间及价位超越平衡，表示市场转势回落

当市场在下跌趋势中，若市场反弹的时间第一次超过之前的同级别反弹时间，表示反弹行情已经升级，市场行情即将转势。同样，若市场反弹的价位幅度超越之前的同级别反弹幅度，反弹价格突破之前最后一波下跌行情的起点，表示价位或空间已超越平衡，转势已出现，如图5-10所示。

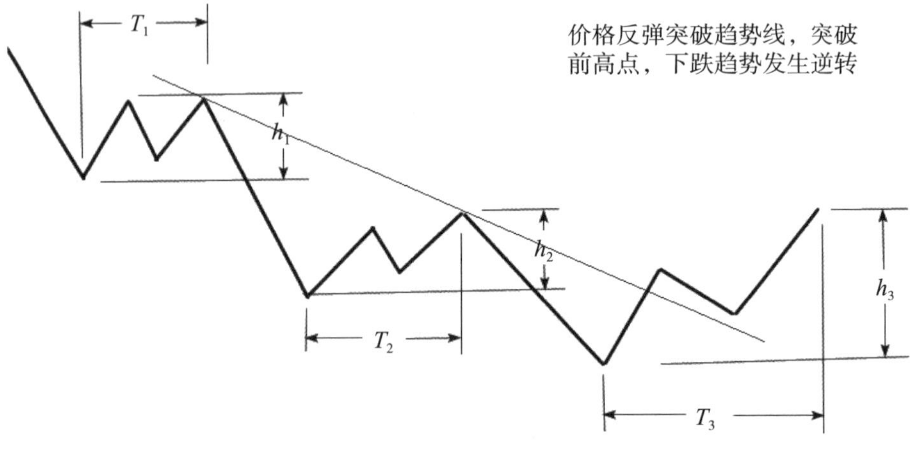

图5-10　下跌趋势时间与价位

2.同级别推调各个调整浪之间的时间要求

价格形态是价格与时间共同运行的轨迹，缺少时间的数浪注定是半成品，所以，研究同级别推调也好，判断划分5-3结构数浪也罢，我们必须考虑调整浪的调整时间。依据江恩理论关于价格趋势运行时间的论述，经过多年的实践与总结，我对调整浪的运行时间提出如下要求，供读者在判断划分5-3结构以及数浪时参考。

（1）1浪、2浪的时间要求。2浪的时间最大不能超过1浪的两倍，如果2浪运行时间超过1浪的两倍，就绝对不是2浪，而是原始下跌趋势中B浪的反弹。如果发现2浪运行时间超过1浪的两倍，说明之前的数浪是错误的，如图5-11所示。

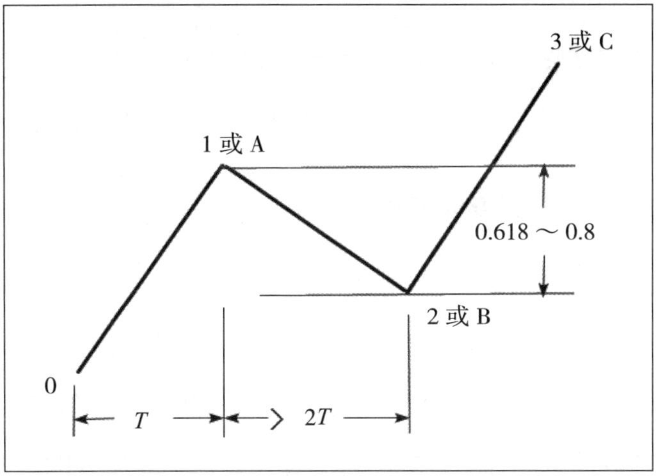

图5-11　2浪的时间要求

（2）2浪、3浪2的运行时间要求。3浪2的运行时间绝对不能大于2浪的运行时间，如果发现3浪2的运行时间（T_2）大于2浪的运行时间（T_1），那么，3浪2就会演变成平台型的B浪走势，见图5-12的细线部分。

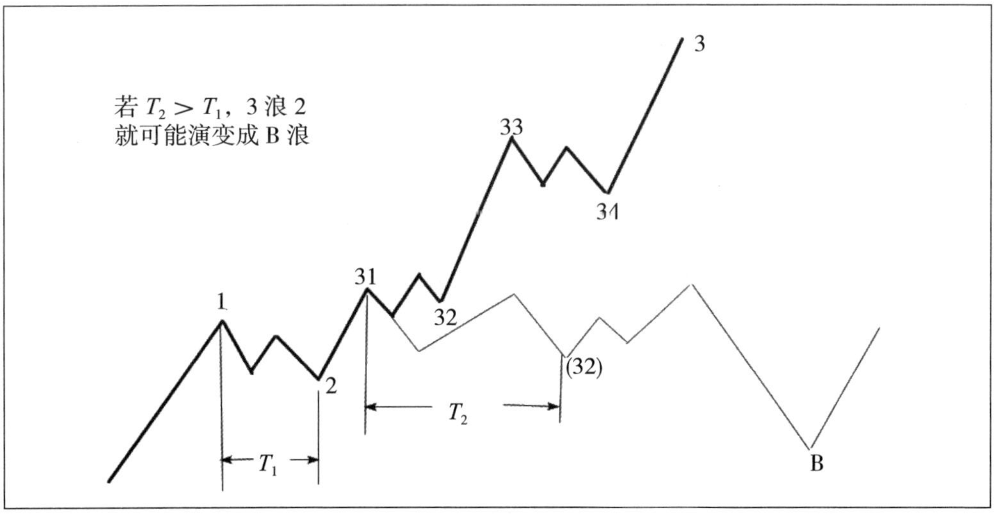

图5-12　3浪2的时间要求

（3）3浪、4浪运行时间要求。4浪的运行时间只与自身内部结构有关，由于3浪的快速拉升，4浪整理时间会很长。

（4）4浪、5浪4的运行时间要求。5浪4的运行时间绝对不能大于4浪的运行时间，如果发现5浪4的运行时间大于4浪的运行时间，就说明前面的数浪是错误的，当下根本不是5浪，而是4浪的延续，是4浪还没有走完。

3. MACD顶（底）背离时间周期

（1）当日线级别出现顶（或底）背离，价格出现跌破上升（或突破下跌）趋势线，将展开一段3至5周的调整周期，主调整段为11至13个交易日，这时如果出现60分钟底（或顶）背离，则是逢低买入的好机会，60分钟底（或顶）背离将有3至5天的反弹周期，前三天为主要反弹时间，后两天可能出现振荡。在弱势条件下，如果30分钟出现顶背离，说明60分钟反弹结束，应逢高离场。

（2）当60分钟顶（底）背离，价格出现跌破上升趋势线，将展开3至5天调整，主调整时间为3天。

（3）当30分钟顶（底）背离，价格出现跌破上升趋势线，将展开5至8小时调整，主调整时间为5小时。

4.同级别推调的应用

同级别推调是指相同级别的推动浪与调整浪之间的关系，也就是说调整浪是对同级别推动浪的调整，这个概念相当重要，一定要搞清楚。同级别推调是应用波浪理论分析价格走势的核心基础。

如图5-13所示，在周K线图上，2020年2月7日宝丰能源创出低点6.52元，2020年3月13日完成1浪，高点10.45元；2020年4月30日完成2浪调整，终点7.71元；2021年2月19日完成3浪，高点20.86元；2021年6月18日完成4浪调整，低点12.77元。

同级别调整幅度分析：2浪调整幅度是1浪的0.8倍，4浪调整幅度接近于3浪的0.618倍，2浪、4浪的调整幅度都在正常范围内。

同级别调整时间分析：2浪调整时间接近于1浪运行时间的1.23倍，4浪调整时间接近于3浪运行时间的0.5倍，2浪、4浪的调整时间都在正常范围内。

周线级别的调整浪2与推动浪1是同级别，理论上，调整浪2相对推动浪1的回调比例是61.8%～80%。调整浪4相对同级别推动浪3的回调比例是38.2%～50%，宝丰能源走出了超级3浪，4浪回调幅度接近于61.8%，属于正常调整。

图5-13　同级别调整浪与推动浪的调整比例应用

第四节 江恩角度线

一、江恩角度线

1.江恩角度线的绘制原理及应用

江恩角度线的绘制原理：

波动率 =（重要终点价位 – 起点价位）÷ 时间周期

江恩角度线、波动率的应用：

（1）测算波动率需要历史数据，数据越多，周期越长，越准确，所以新股无法准确确定其波动率。

（2）关键是重要起点的判断，选错了点，意义就不一样。

（3）要注意高低重要（支）点的选择，一定要与时间周期结构相符合，月线、周线的高低点不一定符合日线、小时线的要求，要在特定的时间、坐标内观察有意义的重要（支）点。

2.上升趋势波动率和下降趋势波动率的取点方法

上升趋势波动率 = 两个重要底部点位高差 ÷ 时间周期

下降趋势波动率 = 两个重要顶部点位高差 ÷ 时间周期

这是绘制1 × 1线的重要依据。如波动率是0.56，在绘制角度线时，时间取1个单位，价格取0.56个单位，画出1 × 1角度线。江恩角度线是按时间与价位之间的比例计算的，最重要的是1 × 1线，是一个单位的时间相等于一个单位的价位，当市场到达这个平衡点时，市场便会出现振荡。在实际应用中，如何确定1 × 1角度线，是能否正确画出江恩角度线的关键。江恩角度线的作用是为金融价格的未来走势确定一个操作界线，其实质也是空间区域的划分。

二、应用初始波特性绘制江恩角度线

这里我将初始波概念引入江恩角度线中，初始波概念能帮助我们更好地理解江恩角度线与空间逻辑结构的关系。正确画出江恩角度线的关键是确定角度1×1线，也就是确定波动率的问题。画出1×1角度线只需两个点，起点是1个，如果我们找到另一个符合江恩1×1角度线定义（一个单位的时间相等于一个单位的价位）的点，问题就解决了。

如图5-14所示，起始点是2020年3月19日上证指数最低点2646.81点，120分钟K线图上，3月20日出现第一波高点为2751.90点。初始波幅a=2751.91－2646.81＝105.10点；初始波61.80％黄金位＝105.10÷0.236×0.618＋2646.81＝2922.03点。我们按照江恩理论“时间等于价格，价格等于时间”这一原则，将价格第一次实际完成61.8%初始基本

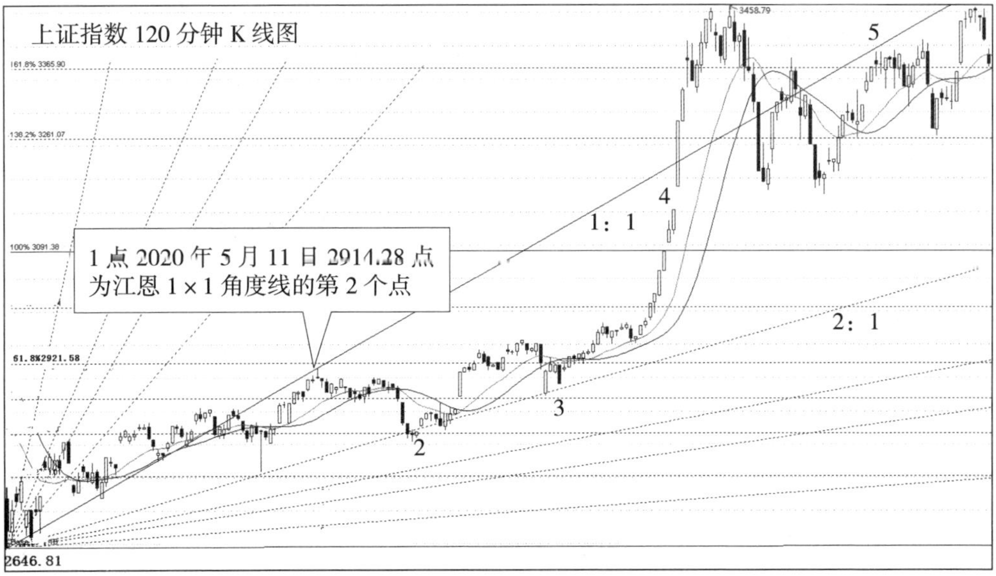

图5-14　上证指数——应用初始波特性绘制江恩角度线

目标位的1点位置2914.28点（实际完成点位与理论计算61.8%位置会有一定的偏差）确定为价格等于时间的平衡点。1点与初始起点连线构成江恩角度线1×1线。

如图5-15所示，江恩角度线是应用初始波概念确定1×1线画出的。初始起点是2016年2月19日的18278.80点，初始波高点是2016年4月29日的21654.07点，初始波幅a=21654.07−18278.80=3375.27。初始波61.80%黄金位=3375.27÷0.236×0.618+18278.80=27336.20点。我们取起始点和初始波61.80%黄金位的价格平衡点作为江恩角度线1×1线的两个确定点，画出江恩角度线。

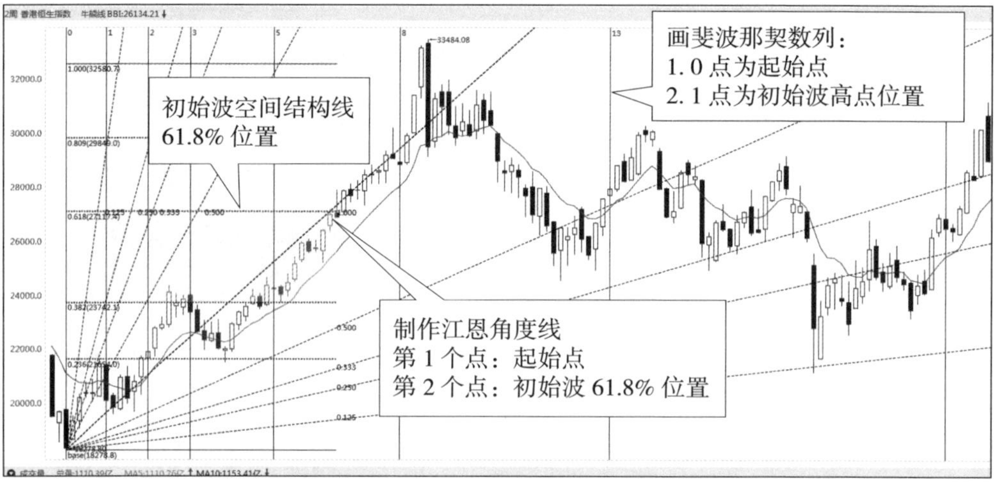

图5-15 恒生指数——应用初始波特性绘制江恩角度线

三、江恩箱体线的绘制方法

江恩箱又称江恩时间价格计算器，是通过重要趋势转折低点和重要趋势转折高点画出来的。江恩箱体理论与江恩角度线是一样的，也是研究股价运行幅度与时间关系的一种技术分析工具。江恩有句名言，“价格等于时间，时间等于价格，价格与时间相互转换”，这是江恩绘制角度线的依据。进一步解释一下，前两句“价格等于时间，时间等于价格”是指趋势发生转折的转折点，而后一句“价格与时间相互转换”是指在上升或下跌趋势中，如果调整或反弹的时间比前一次调整或反弹的时间长，则价格趋势将面临转势；若调整或反弹幅度大于前一次调整或反弹幅度，则价格已经进入转势阶段。我们绘制江恩角度线、江恩箱体线，就是要找到这两个重要的转折点。

如图5-16所示，在周K线图上，2020年4月30日包钢股份创出1.02元的低点（原始上涨起点为第一个重要趋势转折点），之后走出了一波上涨行情。第一波上涨趋势最关键的转折点是1点，也就是第二个重要趋势转折点。有了这两个点，江恩上升趋势角度线自然就画出来了，也就是用江恩角度线1×1线将这两个重要趋势转折点连起来就可以了。

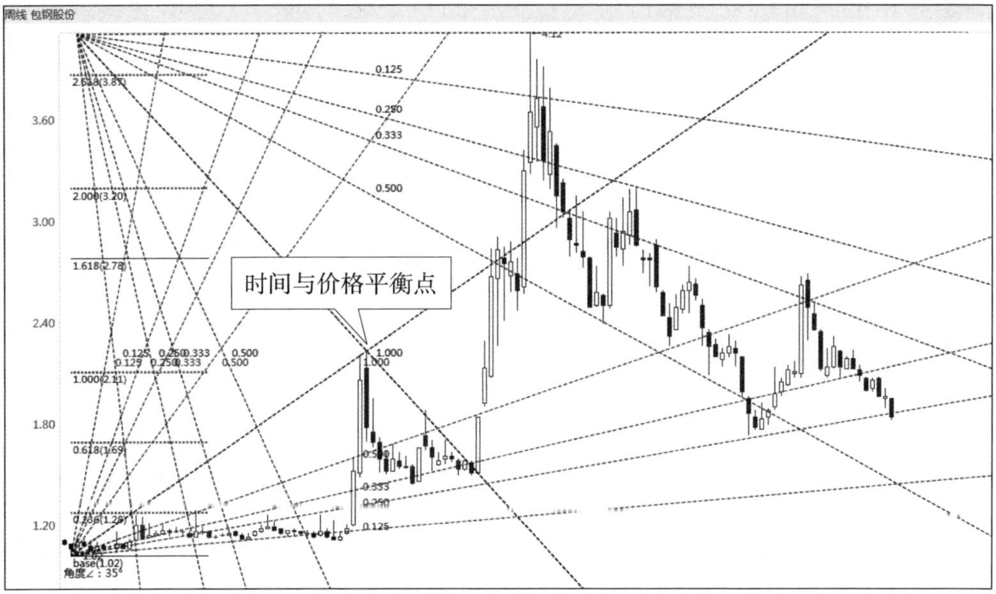

图5-16　江恩箱体线——包钢股份

江恩箱体线由上升角度线和下降角度线构成，上升角度线刚才我们已经画出，下降角度线需要等待这波上升趋势彻底结束后，上升趋势的终结点4.12元就是下降角度线的起始点，另一个重要转折点我们依然选择1点。具体画法是将画笔起点放在2020年4月30日上方4.12元（下降角度线的起始点价位）位置向下拉，与1点连成直线（江恩下降角度线1×1线），江恩箱体线绘制完毕。

画江恩箱体线应注意两点：①江恩角度线1×1线两个画点的选择，必须是大盘指数或者个股的两个重要趋势转折点，这是制作江恩箱体线的关键，直接决定江恩箱体线的测市效果。因此，投资者在画江恩箱体线时，最好移动画笔多试几个落点，应该尽最大可能让箱体线与更多的、重要的趋势转折点接触；②画江恩箱体线需要足够的K线数据，因此，必须等到能确定第一波行情从上涨（下跌）到调整（反弹）结束，才可以依据第一波行情重要的趋势转折点数据制作江恩角度线或箱体线。另外，江恩角度线或箱体线也是需要修正的，是需要根据行情的变化不断校正之前画的江恩角度线或箱体线，应该尽最大可能让校正后的角度线或箱体线与更多的、重要的趋势转折点接触，这样才能保证角度线或箱体线能够准确反映股价运行趋势。

在应用角度线或箱体线对股价走势进行分析、判断时，应注意两点：①通过江恩箱上的各条角度线判断其对股价的支撑与阻力作用；②江恩箱上各条角度线的交点，也是容易出现转折的位置。

江恩箱中的各条角度线对股价运行均会起到或多或少的支撑或阻力作用，区别在于有的角度线所起的支撑或阻力作用更强。当股价跌破某条江恩角度线时，往往会向下一条角度线寻找支撑力量，如果这条支撑线不足以支撑股价的运行，股价还将继续下跌。当股价上升突破某条下降的江恩角度线时，这条角度线就会由阻力作用转变为支撑作用，同时股价还会上探另一条江恩线的阻力。对于投资者来说，股价在某条角度线上受到支撑或阻力，都可以看成一个重要的买入或卖出时机。

对江恩箱各条角度线交叉点的研判：江恩箱各条角度线的交叉点，也是容易出现转折的位置，由于各条角度线的交叉点反映了几条支撑线或阻力线的共同作用，所以股价在交叉点发生反转的概率更大。当股价经过多次突破或者跌破之后，如果在某一条角度线的交叉点附近出现与之前相反的趋势，那么投资者应注意行情很可能出现转折。

根据江恩箱买入股票时，应注意以下两点。

第一，当股价运行到江恩箱角度线位置时，投资者不可匆忙入场交易，而应注意观察此时股价的运行情况。如果出现明显的止跌迹象，方可进行交易。

第二，当投资者根据某条江恩箱角度线入场交易后，应将该角度线作为止损位。例如，投资者判断股价在2：1线处获得支撑，因此进行买入操作，此时可将 2：1线作为止损线，一旦股价后市没有按照预计的趋势运行并跌破该线，应止损卖出。

四、速度阻力线

速度阻力线同样是测量调整位置的一种空间测量工具，画法相当简单，就是将一波起点与终点连接起来画线就完成了。具体画法：点击画线中的空间，选择空间中的速度阻力线，将鼠标放在起点，然后拉到终点松手即可。速度阻力线分为上升速度阻力线和下降速度阻力线。

1.上升速度阻力线

如图5-17所示，在宝钛股份30分钟K线图上，以低点0为起点，用画图工具中的速度阻力线，将起点0和第一波上涨最高点1点连接起来，上升速度阻力线就画完了。同样，当2点出现反弹，2点被确定为阶段性低点，我们以1点为起点，将1点和阶段性低点2连接起来，下降速度阻力线就画完了。仔细观察a、b区域的两个c点，就能发现速度阻力线的作用。

图5-17　宝钛股份30分钟K线图

2.下降速度阻力线

如图5-18所示，在阳光电源日K线图上，以2021年10月27日的最高点178.98元为起点，用画图工具中的速度阻力线将起点1和第一波反弹高点2连接起来，下降速度阻力线就画完了。可以看出速度阻力线在3、4、5、6点均起到了压力与支撑的作用。

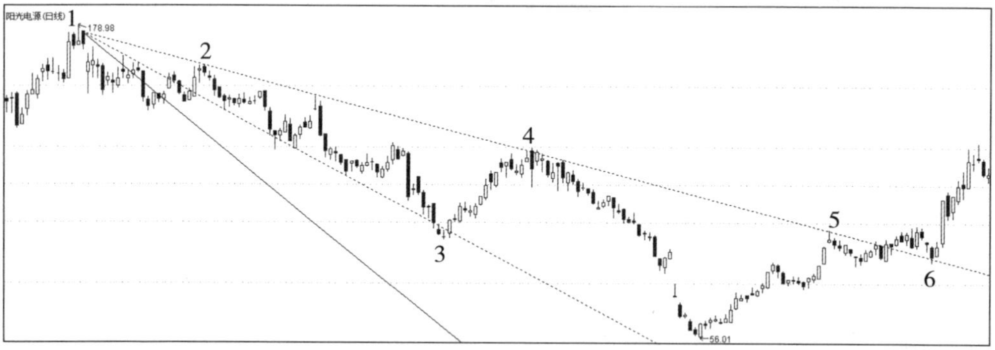

图5-18　阳光电源日K线图

3.速度阻力线的校正方法

鼠标放在速度阻力线上，点击右键，选择设置属性，点击定位点设置，更改最高点、最低点数值，即完成校正。不同软件的速度阻力线显示出的条数不同，最多4条，最少3条。速度阻力线的应用与江恩角度线的应用方法是相同的，就是支撑与压力关系的判断与转换。如图5-18所示，股价跌破速度阻力线，反弹没有站在速度阻力线之上，这条速度阻力线转换成了压力线，股价继续下跌。

第六章

形态结构线

形态结构线的画法包括艾略特波浪理论结构线的画法和典型的头部、顶部以及中继结构线的画法。

第一节　艾略特波浪理论结构线的画法

在实际操作中，任何一种分析或操作方法都是有局限性的，波浪理论也一样。实操中主要从趋势、价格空间及形态结构三个方面去分析价格走势，最后本着一致性原则判断价格走势的终结点位置区域。分析中最主要的是趋势，其次是空间结构，第三是形态结构。趋势和空间结构是大格局，是宏观，形态结构是细节，是微观。对价格结构的分析与平时分析工作问题是一样的，都要从大局着眼，从细微处入手，才能将事情做对做好。

技术分析必须有可靠的理论依据，趋势、空间、形态的理论依据分别是：①判断趋势的基本理论依据是道氏对趋势判断的两个理论；②判断价格空间结构的理论依据是我总结的初始波理论；③价格形态结构分析理论就是波浪理论。我认为学好这三个理论，是我们分析价格走势的基础。

一、波浪的画法——以大周期原始起点为起点逐级画

起始点都是有级别的，只有从原始起点开始画，画到最后一波行情起点，才能准确地确定最后一波行情的起点是什么级别，才能正确地判断这波行情的性质及大致目标范围。

二、实例：五粮液形态结构

如图6-1所示，为五粮液的季度K线图。原始起点是1998年第二季度的最低点-10.44元，我们以-10.44元为起点，划分五粮液价格走势结构。在季度K线图上可以清晰地看到，2007年第四季度的高点38.91元为（1）浪高点，（3）浪高点是2021年第一季度完成的354.61元。画完五粮液季度波浪结构线后，我们再分析、计算一下内部结构的比例关系，看看划分的结构是否符合波浪理论。

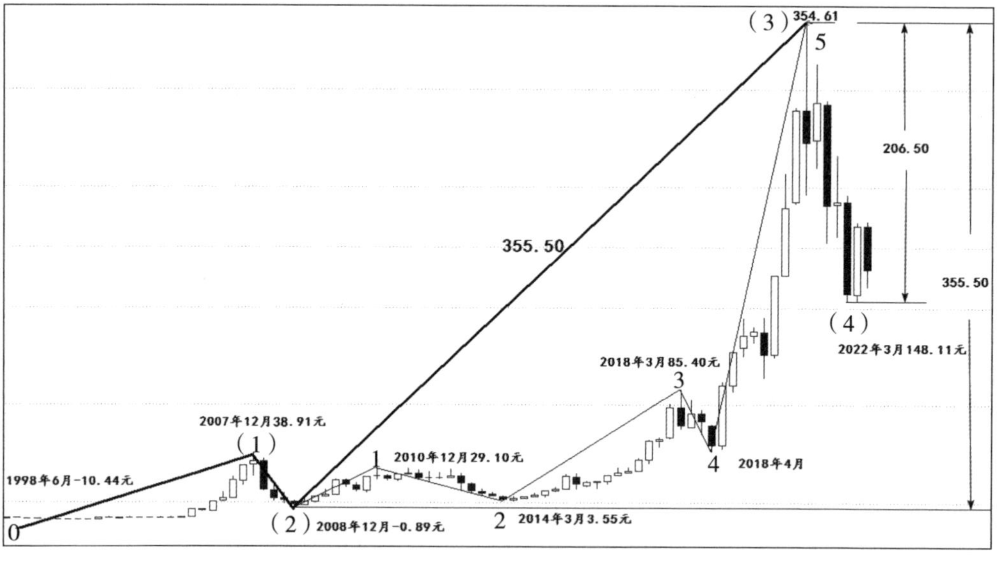

图6-1 五粮液季度K线图

在五粮液季度K线图上，（1）浪的上涨幅度为49.35元，（2）浪回调幅度为39.80元，回调比例为80.64%，可见（1）浪和（2）浪的走势是协调的。再计算一下（3）浪的上升幅度是355.50元，（3）浪走出了超级浪，依据同级别推调比例关系，（4）浪的回调幅度在50%～61.8%，计算一下61.8%回调位置是135.50元，2022年3月29日的低点148.11元已经非常接近61.8%位置。季度线上分析完成后，我们再去周K线上画一下（4）浪结构。

如图6-2所示，依据波浪理论，我们在五粮液季度线上找到了（4）浪的起点，现在我们将分析周期移到周K线上，在周K线上分析这个（4）浪走势结构。当下可以判断，（4）浪C已经完成C浪4走势。

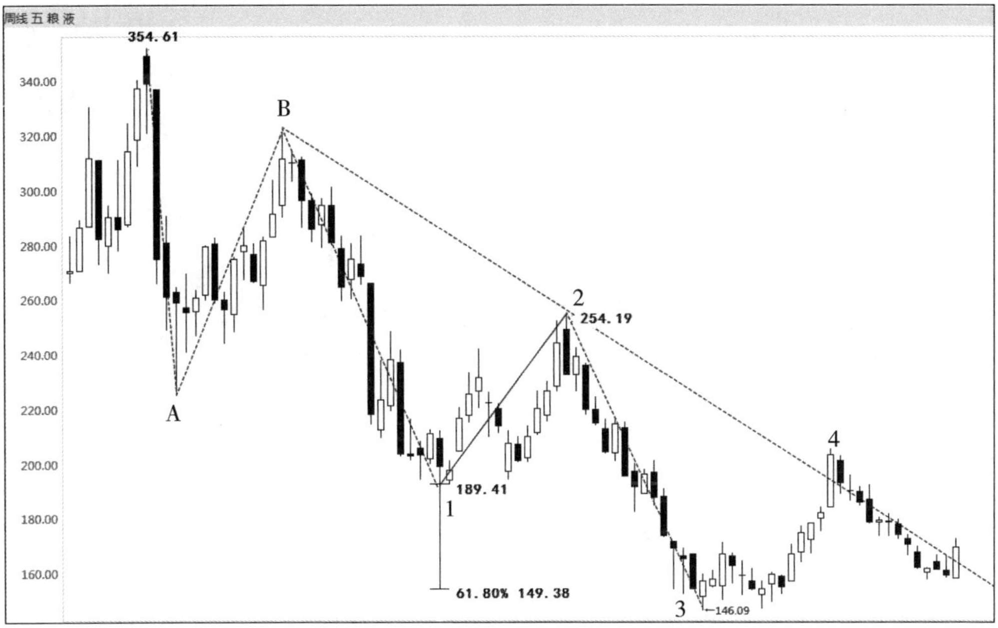

图6-2　五粮液周K线（4）浪走势图

实际交易有两种方法，一是左侧交易法，二是右侧交易法。从形态结构上讲，（4）浪C可以在3波完成，也可能走出5波，关键是看市场怎么走。从历史估值角度，五粮液的股价进入150元以下区域已经进入低估值区域，因此，在C浪4突破C浪下降趋势线出现右侧交易机会后，就得去30分钟 K线图上观察针对C浪4这波反弹的回调幅度，如果回调没有跌破C浪3浪低点，就重新向上并突破C浪4高点，那么之前讲的C浪4就转变成了趋势反转中的上升1浪。事实上，对于像五粮液这种价值股，在150元以下的历史低估值区域，是可以采取右侧交易法试探性建仓的。

如图6-3所示，在五粮液30分钟级别上，2022年9月5日的最低点是157.07元，价格已经走出了两个二波结构，第一个二波结构形成了30分钟级别的一个多头态势，第二个二波结构确认了这种多头上升趋势，也就是说，2点是一个30分钟级别确定性买点，当下是可以在30分钟级别上试探性建仓的。

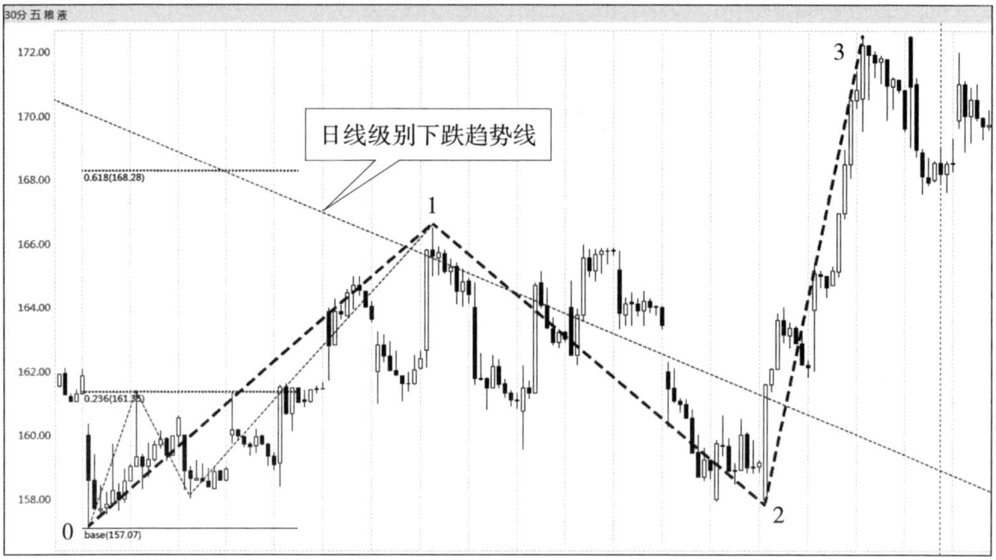

图6–3　五粮液30分钟K线图

在历史低估值区域采用左侧交易试探性建仓也有两种建仓方法：①以长线价值投资理念在150～135元之间多批次分段建仓，例如，采取3%操作法，在30分钟级别确定性买点上建三成仓。建仓后每上涨3%就卖一成，每跌3%就加一成，不设止损滚动操作。当然，操作上还得结合资金管理，确保有足够的备用金，以备应急之用。②按技术规则操作，设0点为止损点，在30分钟级别确定性买点2点上方突破趋势线后建立三成仓，建仓后每上涨3%也卖一成，反弹到周线级别下降趋势线附近，视股价强弱决定是否清仓。

三、画波浪结构线步骤及注意事项

（1）画波浪结构线的步骤。一是从最原始的起点开始画起，如五粮液是在季线上，从历史最低点开始画起，找到（3）浪终点也就找到了（4）浪起点；二是逐级往下捋，如五粮液完成季线上的画线分析，就到周K线上从

（4）浪起点开始画，找到了C浪3起点，再以这个C浪3为起点，到30分钟级别上看价格走势如何；三是找到具体操作点位，制订操作计划。只要你从原始起点开始，就不会出现大的错误，也不会出现千人千浪的问题。

（2）画波浪结构线的注意事项。推动浪正常是5波结构，尤其是（3）浪内部结构，肯定是一个标准的艾略特5波上涨或下跌结构。如果你画的（3）浪内部不是这个结构，肯定是错误的。

（3）在标准的艾略特5波上涨或下跌结构中，（4）浪不能与（1）浪重叠，（3）浪肯定不是最短的一浪。这三条是最基本的。

四、趋势为主、灵活运用，不能死数浪

如图6-4所示，2021年6月2日，闻泰科技突破C浪下跌通道压力线。闻泰科技自高点171.88元起，经过三波调整完成A浪，又经过三波反弹完成B浪，之后是C浪五波下跌结构。B浪最高点是167.75元，反弹幅度为95%，C浪最低点是77.71元，主要是因为A浪调整幅度过大，C浪在A浪附近结束，形成完美的平台形调整。

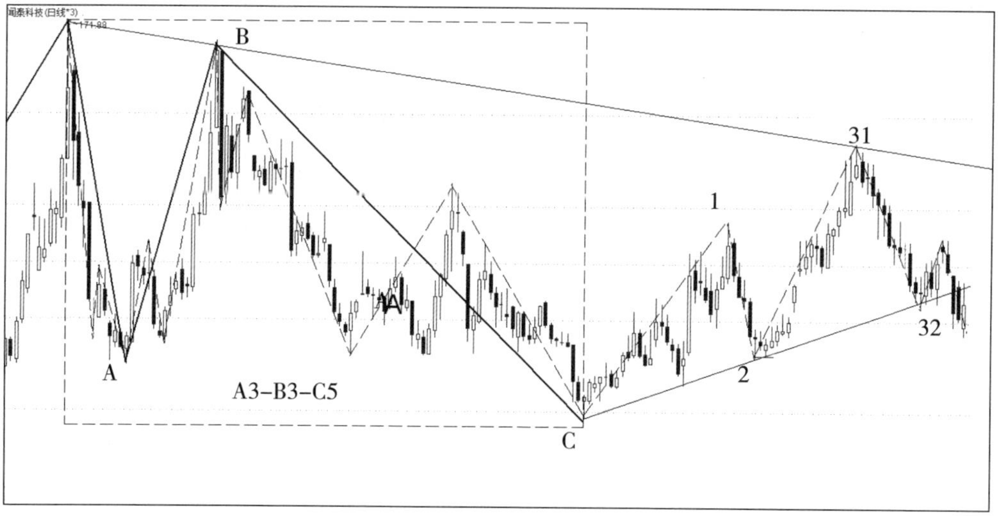

图6-4　闻泰科技3日K线图

如图6-5所示，为闻泰科技周K线图。由于价格跌破趋势线，跌破前低点，图6-4中分析的ABC调整浪演变成了图6-5 A浪中abc内部子浪，图6-4中分析的1、2、31浪演变成了图6-5中的B浪内部子浪。

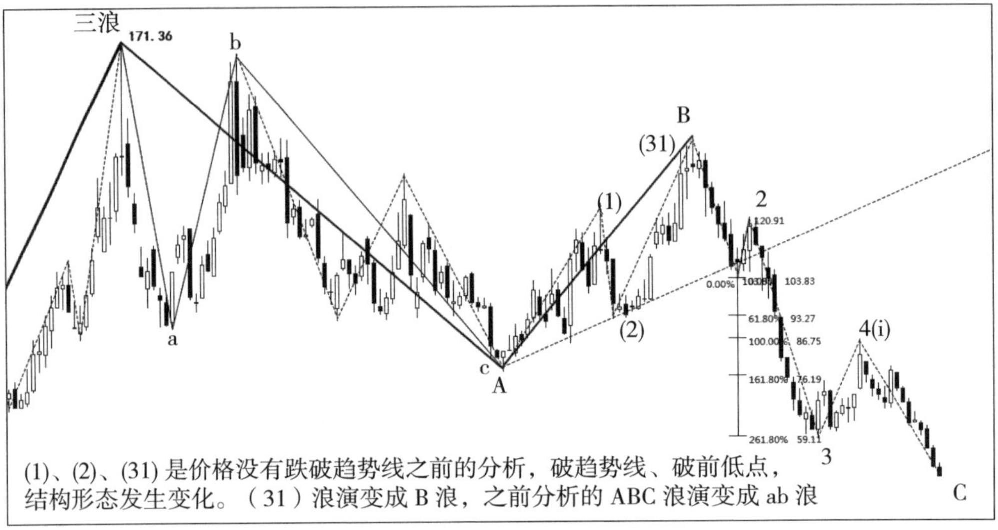

图6-5　闻泰科技周K线图

起初我们将自2021年5月10日的低点77.71元为起点的这波上涨行情分析为月线级别第五浪，于是6月2日我在价格冲高回落至多空线上方建立五成仓，之后在价格冲高至前期平台下沿与趋势线交合之处卖掉三成仓。当价格回落至30分钟级别低点支撑线，就是图6-4中的2点附近，我将前期减掉的仓位买回，并加大了持仓仓位至八成仓。8月30日价格冲至高点压力线附近，也就是31点卖掉半仓，之后当价格跌破30分钟趋势线卖掉一半，余下两成仓位等待回调后加仓做T。

操作思路依然是准备等待价格再回到32低点支撑线附近重新进场操作。2022年春节前最后一个交易日，我在支撑线32点附近加三成仓，共五成仓。节后连续数个交易日价格走得非常弱，于是当价格反弹至日线多空线位置时，决定短线出局观望。

讲到这里才是要讲的重点，前面讲的只是为了反映这个操作过程的全貌。2022年3月7日，价格跌破前期低点支撑线，之后反弹的力度非常弱，始终没有重新站在前期低点支撑线之上，3月24日放量跌停，很多人都问我后市怎么走，当时我脑袋里依然停留在2021年5月10日低点77.71元是月线级别第五浪起点的概念中，也就是说，将之前的反弹看成是五浪中的第1小浪，而当下的调整是五浪中的第2浪，调整最大幅度应该是五浪1的80%左右，也就是90元左右，而恰好3月24日跌停价是93.15元，用波浪尺计算的100%空间位置是87.16元。所以，我从几方面综合判断，90元下方、87元左右是可以买入的。结果介入后价格继续下跌，我又在波浪尺161.8%位置，也就是76元左右加仓。实质上这时就犯了一个错误，价格已经跌破前面分析的月线级别五浪起点，结构形态已经发生变化，可是我在操作上依然停留在原有的格局中。本应破位止损出局，我却做了反向加仓操作。

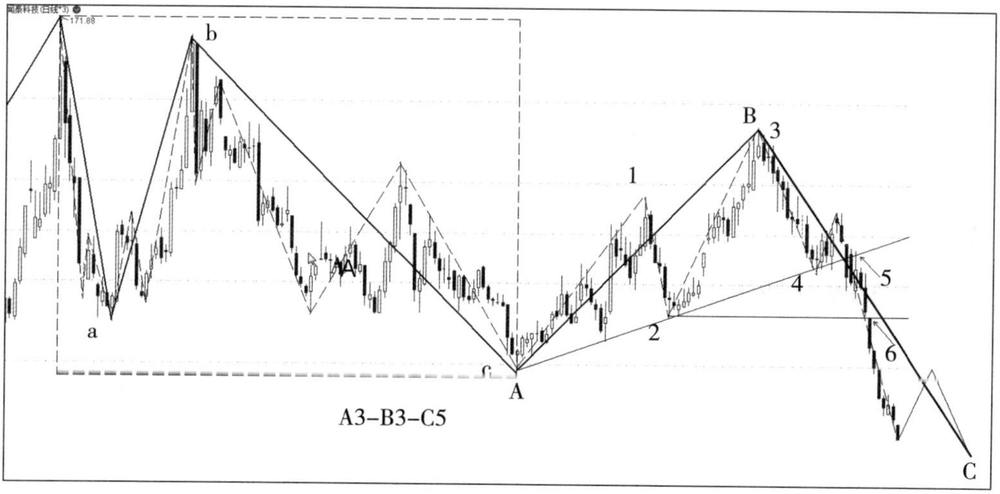

图6-6　闻泰科技3日K线图

如图6-6所示，当价格跌破前面分析判断的月线级别五浪起点，价格运行的结构形态就发生了变化，需要重新审视之前分析、判断的月线级别四浪调整结构。这不是说之前的判断是错误的，之前分析、判断的闻泰科技月线级别四浪调整结构是一个非常清晰的A3-B3-C5平台型调整结构。当下市场发生的是系统性风险，闻泰科技月线级别五浪自然无法展开，上不去自然要向下打出一个空间，已备日后积蓄力量再次上攻。价格走到2022年4月26日，回过头来再重新仔细分析闻泰科技月线级别四浪结构，原来判断的四浪的终结点变成了四浪A的终结点，原来判断的以77.71元为起点的这波行情成为四浪中的B浪，而自2021年12月15日143.88元为起点的这波下跌成为四浪中的C浪。

这个例子充分说明，操作上不能死数浪，一定要以趋势为主，当价格跌破关键趋势点位，价格运行结构形态发生变化，一定要保持清醒，认清当下趋势的变化，及时作出应变策略。

第二节　画波浪结构线必须明确的问题

想画好波浪结构线，必须理解波浪理论的内涵，下面将波浪理论的几个主要问题归纳一下，供读者参考。

一、应用波浪理论的四个主要问题

画波浪结构线、应用波浪理论分析价格走势，必须搞清楚四个方面的问题：三个维度、三个铁律、三个阶段、四个指南。学懂弄通这四方面内容，才可以说是基本学会了波浪理论。剩下的就是灵活运用，不能死数浪，也不能仅凭波浪理论做出交易决定，最起码要结合趋势应用波浪理论。无论什么分析理论和方法，趋势分析都是第一位的，数浪、画波浪结构线也一样，尤其是当你数不清楚的时候。价格只要遵循趋势，这个浪就没结束，不必纠结其中什么形态有几浪，价格形态在没有走完的时候，是看不清楚的。

二、位置比形态重要

价格运动基本上有三个阶段：筑底阶段、成长阶段、调整阶段。应用波浪理论分析时，首先要明确知道价格所处的位置，之后才看形态。位置是指价格在大一级别所处的是什么位置，而形态是指当下分析级别的结构形态。

在下跌趋势中，一个日线级别下跌趋势的终结，必然会生成一个30分钟的反弹行情。其中价格所处的位置就是日线级别的阶段性底部阶段（最低点左侧），而形态就是指一个30分钟级别初始反弹结构是否生成（最低点右侧）。分析要从左右两侧看，只有两侧都成立，才能出现确定性买点。

在上升趋势中，价格完成五波上涨结构，处于成长阶段的末端位置，出现调整之后的反弹有时会突破（5）浪高点，出现超级（5）浪，这时要结合市场人气，以趋势为主。

还有一个就是价格进入（3）浪快速成长阶段，你不能凭臆想，感觉价格涨得差不多了就卖出，也不能因为一个正常回调而卖出。卖出的唯一条件是趋势和空间上出现了卖出条件。

三、要重视推动浪的内部结构形态

画波浪结构线最起码要从两个级别画起，也就是本级别和子级别。画时要特别注意子浪的内部结构。例如本级别的（1）浪内部子浪有三种形式：五波推动浪结构，表明主力做多意愿很强；五波驱动浪结构，表明是场内资金行为，行情可能是顺大势而为；三波上涨，表明是振荡整理行情。再如第三浪的内部子浪只有一种形式，就是五波推动浪结构，否则就不是三浪。

四、要重视（1）浪、（2）浪内部结构的研究

若（1）浪的内部子浪是一个明确的五波推动浪走势，那么，这一定是主力资金行为。若接下来的（2）浪调整时间是（1）浪运行时间的0.618～1

倍，调整幅度在0.5～0.618区间，就可以确信这是一只强势股，（2）浪终结就是最佳的介入点。

五、4浪与1浪是否重叠是价格强弱的关键

大级别推动浪的内部子浪五波上涨节奏强，逻辑结构清晰，是强势股的特征，是我们要寻找的投资标的，尤其是（1）浪的内部子浪也是由推动浪组成的个股。只有推动浪符合波浪的三大铁律。驱动浪虽然也是一种五波上涨结构，但是它的（4）浪与（1）浪重叠，反映了主力拉升还处于底部阶段的行为，是一种拉升—洗盘—吸筹行为，拉升的幅度及目标都远不及推动浪，因此，如果发现（4）浪与（1）浪重叠的个股，目标不要期望太高，应在之后的（5）浪尽快离场。

六、要注重“同级别推调比”分析

同级别推调比可分为时间比例和空间比例，是我们分析五波结构是否完美的有效方法。例如，在分析（1）浪、（2）浪和（3）浪、（4）浪的同级别推调浪比时，如果（2）浪的调整时间与调整幅度都小于正常值，那么（3）浪走出延长的概率就非常大。如果（4）浪的回调时间与调整幅度都超过正常值，那么走出健康的（5）浪就比较难。总之，波浪理论的分析就是不断计算对比各个浪之间比例的协调性，包含推动浪之间的比例，以判断其是否完美。

七、应用二波结构划分艾略特5-3结构

如图6-7所示，依据二波结构将艾略特5-3结构划分成四组二波结构。二波结构Ⅰ、二波结构Ⅱ、二波结构Ⅲ的高点都在逐渐抬高，其推动浪的内部结构都是五波结构。从二波结构Ⅳ开始，当价格跌破二波结构Ⅳ的起点a，

确立二波结构Ⅳ转为空头态势，二波结构Ⅳ未能突破二波结构Ⅲ的高点，并跌破前三组二波结构的上升趋势线，“双突”卖出条件成立。

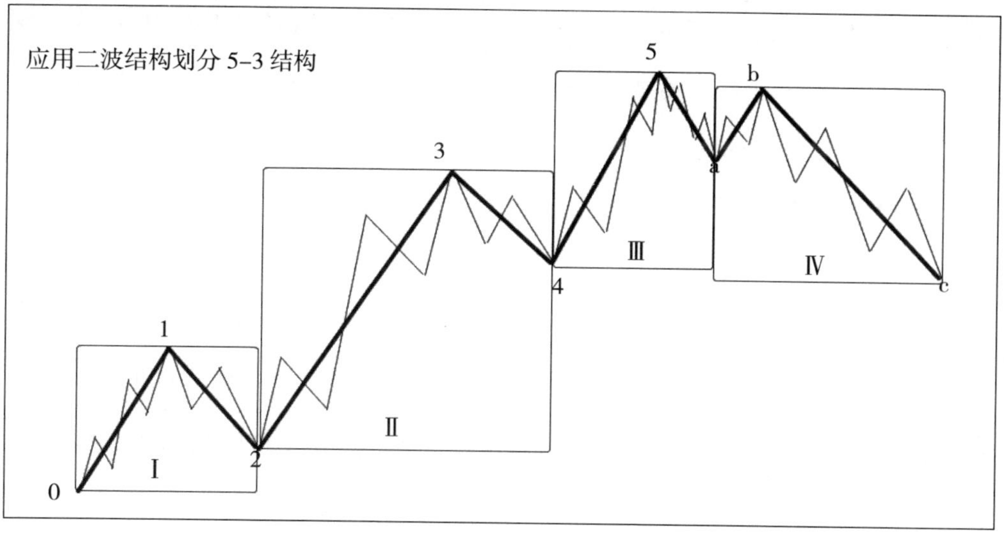

图6-7　应用二波结构划分艾略特5-3结构

这里要注意，二波结构Ⅳ的推动浪内部结构与前三组二波结构的推动浪不同，是三波结构，三波结构的盘面语言是调整。在二波理论中，二波结构升级是以3"方式升级的。三组二波结构升级为大一级别二波结构的推动浪，从二波结构Ⅳ起进入大一级别的调整结构。

第三节　引导楔形与终结楔形

楔形也称为倾斜三角形，是一种驱动模式，但不是推动浪。在波浪结构中，倾斜三角形会在特定的位置代替推动浪。楔形有两种结构形式：引导楔形和终结楔形。一种表示趋势初期，一种表示趋势末期，这两种形态都是波浪理论中非常重要的形态。

一、引导楔形

如图6-8所示，引导楔形又称为前置三角形或倾斜三角形，时常出现在第一个作用浪（浪1或浪A）上，引导楔形内部的子浪结构是5-3-5-3-5结构，作用浪是五浪驱动模式，传递行情“持续”的信息，符合波浪理论思想。引导楔形是经典形态之一，有非常好的方向指引作用，特别是在某些混沌而迷茫的趋势初期，还有出现在3浪ⅰ或C浪ⅰ的位置上，都显得尤为重要。

引导楔形的标注用1-2-3-4-5作为标示。浪1和浪3的连线、浪2和浪4的连线形成楔形的两条轨道线。价格在楔形的两条轨道线中运行，楔形通常是收缩形态和直通形态，很少是扩散形态，它的浪4总会进入浪1的价格区域。

引导楔形的形态结构特点：①引导楔形的浪1必须是推动浪或者也是一个引导楔形；②引导楔形的浪5必须是推动浪或者是一个终结楔形；③浪2可以是除了三角形调整以外的任意一种调整浪；④浪4可以是任意一种调整浪，浪4出现锯齿形调整非常普遍。

引导楔形的三大规则：①浪2必须小于浪1；②浪2与浪4有重叠；③浪3在浪1和浪5之间不能是最短的。三大规则非常重要，实际操作几次和对照历史复盘就能理解并掌握。

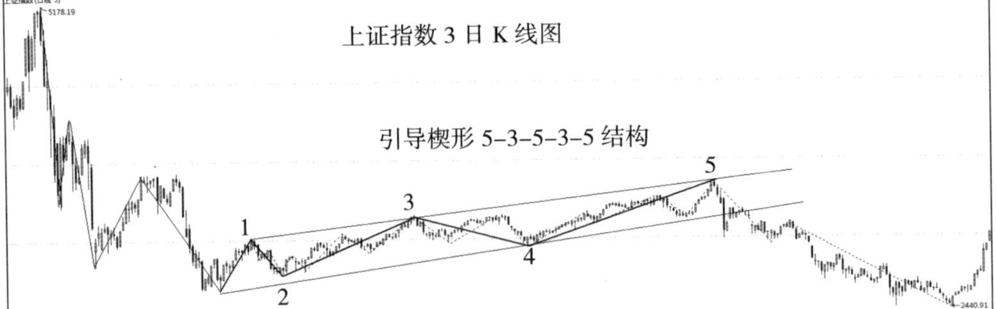

图6-8　引导楔形形态结构

二、终结楔形

如图6-9所示，终结楔形是一种特殊类型的波浪，主要出现在第5浪的位置上，艾略特曾指出，在终结楔形出现之前的市场往往运行得过快过猛。此外，终结楔形很少出现在调整浪A-B-C的C浪位置上。在双重三浪和多重三浪中，终结楔形可能作为最后一个C浪出现。

图6-9　终结楔形形态结构

如果是在上升趋势中的终结楔形发生后，会伴随着崩盘式的下跌，且下跌目标位至少是该楔形的起点。如果是下跌行情中的终结楔形，同样也意味着随后的暴涨。

在任何情况下，总能在较大级浪级的终点找到终结楔形，这标志着一波较大级浪级运动的结束。需要指出的是，作为五浪的终结楔形常常伴随着“翻越”现象，即它的五浪中的v浪会“翻越”五浪中的i浪和五浪中的iii

浪形成的趋势线，且在“翻越”瞬间成交量会突然异常放大。

注意：五浪延长、失败的五浪和终结楔形都预示着一件事——趋势的反转。有时，在不同周期上，两种形态会同时出现，要特别注意随之而来的暴涨暴跌。连接终结楔形的高低点一般会形成两条收敛的直线，终结楔形的浪1、浪3、浪5必须是锯齿形，每个子浪都是三波，内部的子浪结构是3-3-3-3-3结构。

终结楔形与引导楔形的不同之处：出现的位置不同、内部结构不同。相同之处：都是驱动浪，浪3都不是最短的浪，浪4与浪1有重叠。终结楔形要比引导楔形常见得多，终结楔形出现后，伴随着较大的调整空间。

在形态上辨别终结楔形比辨别推动浪和引导楔形更容易，一是数浪要求降低，不需要严格地数出内部结构，只需要一个三波结构的锯齿形结构就可以，二是此时的走势非常缓慢，市场会花很多时间来完成这个形态，能给你充分的时间来判断是不是一个终结楔形。

终结楔形出现在第5浪和调整C浪是非常安全的一个位置，终结楔形是一个非常好的顶部和底部信号，出现了一定要小心，市场马上就要开始反转或反弹。操作上，终结楔形是一个很好的逃顶或抄底形态。上升楔形有时也出现在调整浪B浪，代替B浪，见图6-10。

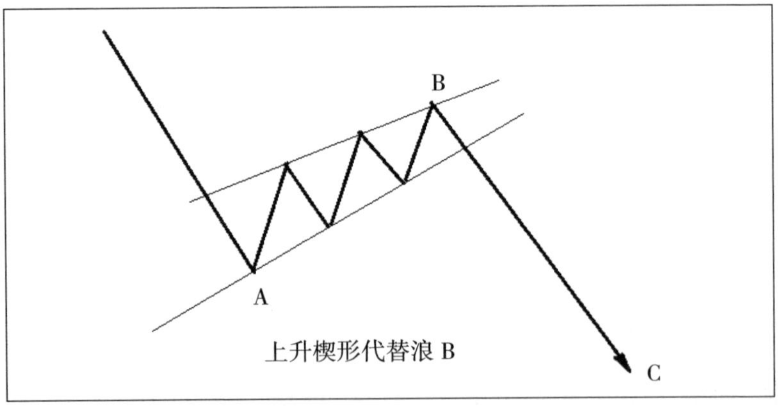

图6-10　上升楔形代替B浪

第四节　三角形中继形态

三角形中继形态包括上升三角形、下降三角形、收敛三角形和扩散三角形四种形态。

在实际交易中，三角形中继形态的技术性买点与卖点，都是通过股价向上或向下突破趋势线来判断的。因此，利用趋势线与三角形中继形态来综合研判股票的买卖点，所获取的交易信号更可靠。

一、上升三角形

上升三角形一般出现在一段向上行情之后，股价经过反复振荡形成一个三角形区域，当股价向上突破这一区域时，往往会继续上涨。交易时利用趋势线与上升三角形综合研判股票买点的方法如下：①上升三角形区域是由一条上升趋势线和一条水平趋势线构成，且上升趋势线与水平趋势线交汇于一点。当股价向上突破三角形区域时，也是突破水平趋势线之际，往往意味着股价将开始一轮快速上涨。②当股价向上突破三角形区域时，如果成交量同步放大，将增加股价突破的有效性，未来股价上涨的概率更大。

利用趋势线和上升三角形综合判断股价买点，需要注意以下两点：①当股价突破三角形上方的边线后，一般会有一个回调的动作。当股价回调到三角形水平线上方，受到支撑而掉头向上，这是股价突破水平压力线之后一个回头确认的买点。②投资者依据上升三角形形态买入股票后，可以将止损位设置在三角形水平线位置。如果股价跌破水平线位置，投资者应迅速卖出止损。

如图6-11所示，为北摩高科的日K线图。经过一波上涨，股价进入振荡整理阶段，出现了由水平压力线和上升趋势线组成的上升三角形形态。振荡整理阶段股价上涨到某一位置附近时，都会遇到强大的阻力，从而形成一条水平压力线。这里重点注意的是股价每次遇到阻力回落时，低点都在逐渐抬高，将低点连接起来就形成了一条上升趋势线。低点逐渐抬高是上升三角形具备上升态势的潜质，也就是说，当价格突破水平压力线，出现一波上涨的概率比较大。

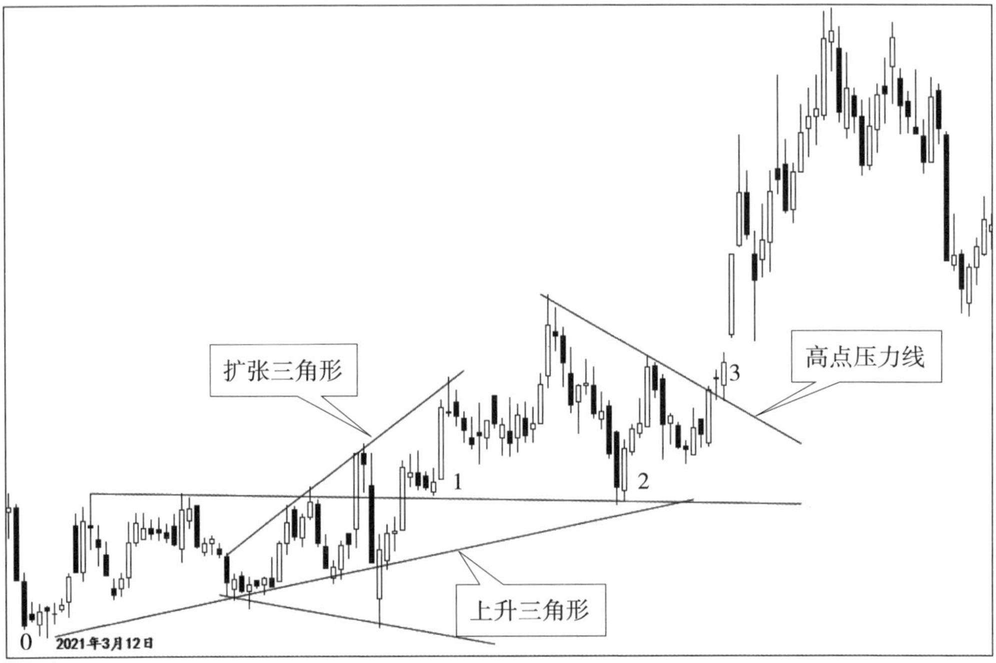

图6-11　北摩高科日K线图

2021年5月14 日，该股开盘后不久就放量涨停。股价突破三角形水平压力线，之后两天股价又回落到三角形区域内，第4天股价盘中向下击破上升三角形上升趋势线，形成了一个扩散三角形形态。好在股价当天收在趋势线之上，这是一个典型的向上突破水平压力线，之后强势洗盘的动作。2021年5月14日，股价放量涨停突破三角形水平压力线，吸引大量投资者跟随买入，随后又大幅度跳水，让短线投资者蒙受重大损失，在击破止损线后止损卖出。

可是击破止损线后，股价很快又重归上涨通道，并二次突破水平压力线。

股价二次突破水平压力线，并在随后的三天整理中始终保持在三角形水平压力线上方运行，卖出压力衰减，确认二次突破成功，此时投资者可以加仓买入。

利用上升三角形判断股价买点时，需要注意两点：一是当股价突破三角形上方水平压力线后，往往会有一个回调的动作。当股价回调到三角形水平压力线时，若是受到支撑重新向上走强，这个回抽点就是一个非常好的卖点；二是投资者依据上升三角形形态买入股票后，可以将止损位设置在三角形水平压力线位置。如果股价跌破这一位置，投资者应迅速卖出止损。

二、下降三角形

下降三角形一般出现在一段向下行情之后，股价经过反复振荡形成一个三角形区域，当股价再次向下突破这一区域时，往往会有很大幅度的下跌。

下降三角形是由一条下降趋势线和一条水平支撑线构成的，且下降趋势线与水平支撑线交汇于一点。当股价向下突破三角形水平支撑线时，就意味着股价将开始新一轮的快速下跌。

如股价向下突破三角形水平支撑线时，伴随较大的成交量放出，则可确认股价向下突破的有效性，未来股价下跌的概率更大。

下降三角形形态不适合大量买入或持仓，是逢高卖出观察阶段。利用下降三角形判断股价卖点时需注意两点：一是当发现股价不能突破前高点，并且高点在连续逐渐降低，应逢高卖出观望；二是当股价跌破三角形下方的水平支撑线时，一般会有一个回抽动作，回抽到上边原水平支撑线位置时，这条水平支撑线已经转变为压力线，价格回抽如不能有效突破，应随即卖出观望；三是若投资者按照下跌三角形形态卖出股票后，股价却向上突破下降三角形区域，则说明股价有转为强势的迹象，投资者可以考虑在突破下降三角形区域回头确认时买入股票，止损点依然设在水平支撑线位置。

如图6-12所示，当发现2、4点股价不能突破前高B点，并且高点2、4、6点都在连续逐渐降低，应逢高卖出观望。当股价跌破三角形下方的水平支撑线后，回抽到原水平支撑线8点，水平支撑线已经转变为压力线，价格回抽如不能有效突破8点，应随即卖出观望。这里一定要注意，破位后的回抽不能保证价格一定回到水平压力线处，如回到则属于正常回抽确认，不回到则表示股价走势更弱，更应该及时卖出。

图6-12　盐湖股份日K线图

三、收敛三角形

收敛三角形又叫作对称三角形，可以出现在任何行情中。股价在一段时间内每次上升的高点都低于前高点，而每次下降的低点都高于前低点，于是股价波动的幅度越来越小。如果将这些高点和低点分别用直线连接，就形成了一个逐渐收敛的三角形形态。收敛三角形一般出现在一段盘整行情之后，股价经过反复振荡，形成一个三角形区域。一旦股价向上或向下突破这一区域，就会有很大幅度的上涨或下跌。

应用收敛三角形研判股票买卖点应注意以下四个问题：①收敛三角形由一条上升趋势线和一条下降趋势线构成。当股价呈收敛三角形形态时，说明股价方向未定。一旦股价向上突破，且成交量出现放大，则预示股价上涨的可能性较大。②当股价向下突破三角形区域时，如果成交量同步放大，则增加股价向下突破的有效性，未来股价下跌的概率更大。③一般来说，收敛三角形形成后，如果股价选择向上突破，则必须伴随着成交量的放大，否则有可能是假突破。如果股价选择向下突破，成交量可能会略微放大，但如果放出巨量，则极有可能是主力制造骗线的洗盘动作，投资者应多加小心，谨防上当。④收敛三角形向上突破后，股价上升到第一个高点价位附近才会遇到阻力。投资者通过这一高点画一条水平直线，可以以此来度量突破后的最小涨幅。如果股价向下突破，也可以基于同样的方法来预测最小跌幅。

如图6-13所示，2015年8月28日，歌尔股份创出低点9.23元之后，走出了一波反弹行情，价格进入振荡走势，形态上呈现出一个收敛三角形态势。直到2017年3月末，价格突破收敛三角形上边压力线，走出了一波上涨行情。

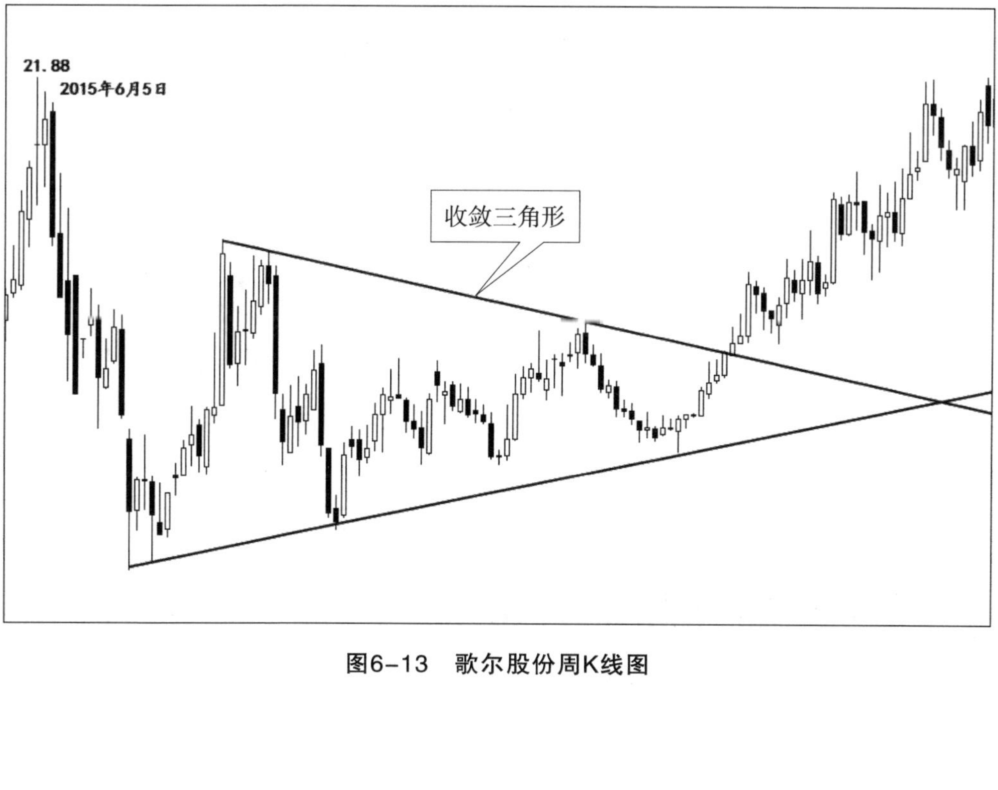

图6-13　歌尔股份周K线图

应用收敛三角形判断股价买卖点需注意两点：一是收敛三角形是一种观望信号。在该形态形成的过程中，无论是持股的投资者，还是持币的投资者，都应该采取冷静观望的态度，不宜盲目操作；二是在上涨行情中出现收敛三角形形态，股价如突破该形态的上边线，可以考虑买入。如果跌破该形态的下边线，应该尽快卖出。另外，向上突破也注意成交量以及突破后回头确认的情况，防止假突破出现。收敛三角形走势是一个非常不确定的形态，出局观望是最好的选择。

如图6-14所示，以2021年7月30日0为起点，鹏博士走出了一波向上行情。经过一波回调，价格进入一个收敛三角形走势。2022年1月4日，价格突

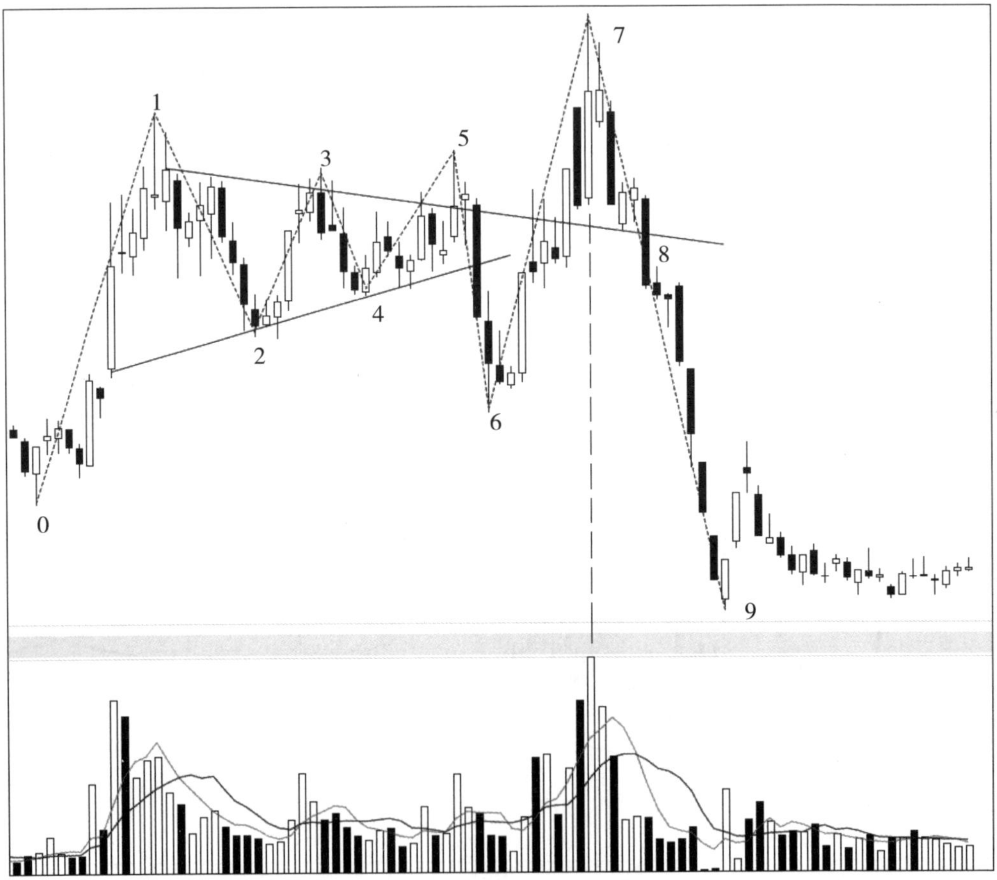

图6-14 鹏博士日K线图

破收敛三角形上边压力线，经回头确认走出二次上攻。当价格攻击到前期次级别高点附近，遇到阻力快速回落。当价格向下突破收敛三角形支撑线，经观察回抽无力，应尽快卖掉止损。收敛三角形下边支撑线就是止损线，价格跌破此线如不能在短时间内（2～3个交易日）回到支撑趋势线之上，应及时止损。

四、扩散三角形

扩散三角形又称作反三角形或喇叭形，一般出现在上涨行情末期，出现在中继形态中，主力强势洗盘时也有，但不多见。其走势为股价进入横向整理，上升的高点越来越高，下降的低点越来越低，股价波动幅度越来越大。如果将这些高点和低点分别用直线连接，就形成了一个像喇叭一样的形状。

扩散三角形一般出现在市场投机氛围浓重，甚至已经处于一种极端疯狂的状态，未来股价下跌的可能性要大于上涨的可能性。出现扩散三角形形态时，交易上应注意以下几个方面：①扩散三角形与收敛三角形相同，也是由一条上升趋势线和一条下降趋势线构成的。股价运行在扩散三角形内部时，说明股价运行方向并未确定。可是一旦股价向下突破该技术图形，且成交量出现放大，则预示股价下跌的可能性较大。②股价向上突破扩散三角形的情况是不多的。当股价向上突破三角形区域时，如果成交量同步放大，说明股价有变轨加速上涨迹象，此时不宜追高，如有持仓，则在30分钟级别观察上涨趋势，一旦价格跌破30分钟上涨趋势线，应立即出局。③扩散三角形形成的速度越快，后市下跌的可能性越大。如果突破时还伴随着成交量显著放大，则看跌信号更强烈。

如图6-15所示，2020年3月23日，浙江鼎力创出38.08元低点之后，走出了一波上涨行情。8月20日出现110.60元的阶段性高点1，之后走出了一个扩散三角形形态。

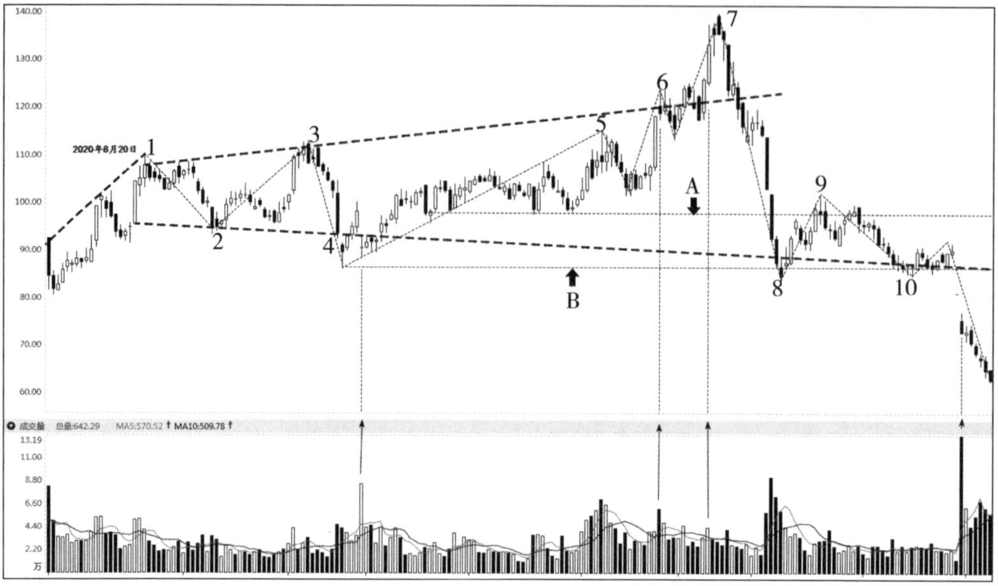

图6-15 浙江鼎力日K线图

这里要说明的是价格在两个区域的走势特征。

一是价格在由1、2、3、4点构成的扩散三角形区域的走势特征，是一个典型的强势扩张型洗盘结构形态。最具有特征的走势是4点的低点在向下趋势线处得到支撑后，反弹至多空线下方，第二天大幅跳空低开，并伴随巨大成交量的放出。此处如果单凭K线走势及成交量判断，有明显的下跌感觉。但看一下股价最低价位置以及接下来两天的走势，就可以初步判断，主力资金是在测试4点支撑的有效性。

二是价格在5、6、7高点区域的走势特征，是一个典型的假向上突破形态。仔细看一下5、6、7高点位置，与其相对应的成交量关系呈现明显的背离状态。当价格跌破扩散三角形上边趋势线，应及时卖出股票。2021年2月24日，股价跌破扩散三角形上边趋势线，之后稍作小幅反弹就出现了快速下跌走势，一周之内跌幅达30%多。

由这个例子可以看出，扩散三角形走势是一个相当不确定性的走势形态，操作上一定要结合趋势线、成交量配合使用，一旦价格跌破趋势线，应立即离场观望。对于没有经验的投资者，看到这种形态后，应以观望为主。

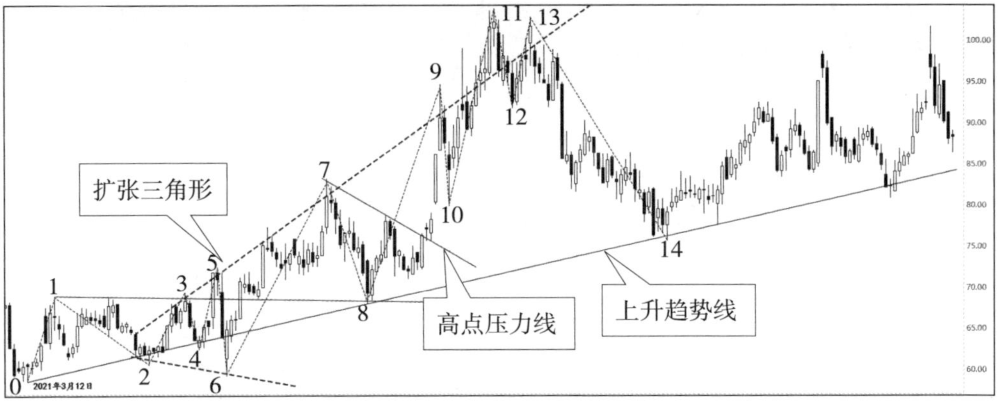

图6-16　北摩高科日K线图

如图6-16所示，2021年3月12日，北摩高科创出76.30元低点后，走出了一波上涨行情。3月22日出现89.82元的阶段性高点1，之后经过一段振荡整理，走出了一个扩散三角形结构形态。这个例子与上个例子基本相同，价格在由2、3、5、6点构成的扩散三角形区域，形成一个典型的强势扩张型洗盘结构形态。在9、11高点位置区域与其相对应的成交量关系，也是呈现明显的背离状态。跌破扩散三角形上边趋势线，振荡整理一段时间后，也出现了快速大幅下跌走势。

第五节　重要的顶（底）部形态

一、头肩顶

如图6-17所示，头肩顶是一个非常重要的顶部形态。下面从三个方面分析头肩顶的特征以及如何演化、如何画出颈线。

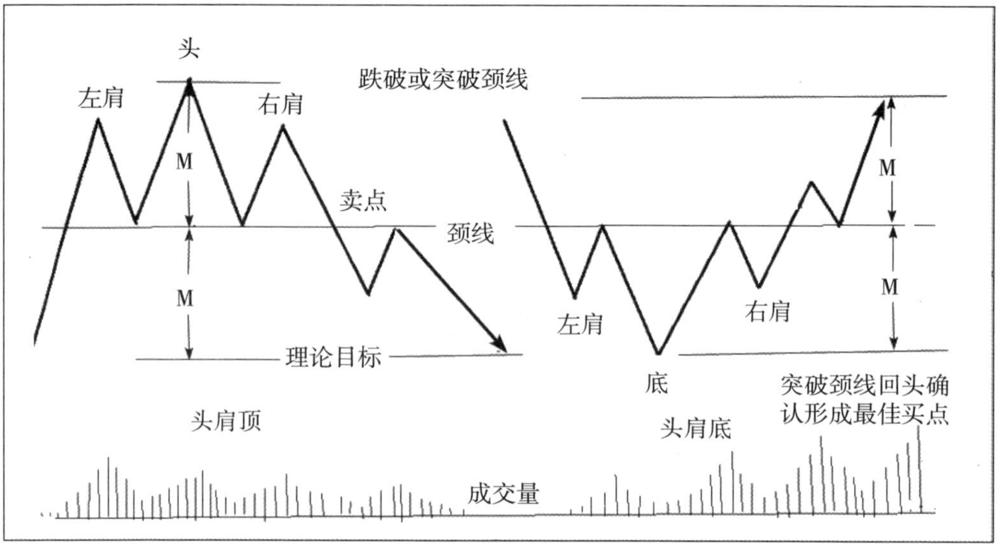

图6–17　头肩顶与头肩底

1.形态结构分析

（1）左肩。持续上扬一段时间，成交量很大，过去在任何时候买进的投资者都获利，于是开始获利卖出，股价回落，成交量上升到其顶点时显著回落。

（2）头部。股价经过短暂回落后，又有一次强力上升，错过主升浪的投资者开始进场买入，成交量随之增加，但最高点的成交量较左肩已明显减少。从市场情绪上分析，股价突破前高点（左肩）后，当时后悔没卖出的人以及左肩低点买入的短线客开始卖出，股价虽然创出新高，但承接盘明显不足。股价突破左肩高点后再次回落，成交量在回落期间同样减少。

（3）右肩。股价下跌接近左肩回落低点时再次获得支撑反弹，可是这时市场热情显著减弱，成交量较左肩和头部明显减少，股价没有抵达头部高点便回落，于是形成右肩。

（4）颈线。左肩下跌低点与头部下跌低点的连线称为颈线。当价格向下突破颈线时，幅度超过3%，跌破颈线的有效性就可以确认。

2.分析要点

（1）头肩顶通常出现在牛市近尾端，是长期趋势转向形态。

（2）当新的高点成交量比前高点低的时候，就暗示有可能形成头肩顶形态，当第三次回升时，股价和成交量都比前高低，是一次较好的卖出机会，下一次卖出机会是跌破颈线回头确认时，不过跳空放量下跌时可能没这个机会。

（3）当价格跌破颈线完成第一波下跌，走出反弹后，可以将第一波下跌幅度作为初始波，并假定为下跌幅度23.6%的位置。依据这个初始下跌幅度就可以计算预判价格未来下跌空间，下跌的目标位置是38.2%、50%、61.8%，为短期下跌目标，100%、161.8%和261.8%为长期下跌目标，下跌的具体位置要结合价格在大趋势中所处的位置。

（4）注意：如果右肩突破头部高点，那么头肩顶就不成立了。

（5）如果颈线向下倾斜，说明市场非常弱。

（6）成交量上，左肩、头部、右肩正常依次减弱，据统计，右肩成交量大于和等于头部成交量的也各占三分之一。

（7）也有跌破颈线后回抽突破颈线又创出新高的，看上去好像是判断错误，是一个失败的头肩顶。事实上，此时价格的上涨空间极为有限，只是市场情绪过于高涨，主力诱惑贪婪者买入引发的一波诱多行情，不宜参与。

3.头肩顶未形成前最可能形成的走势

头肩顶的演化基本上可以分成5种，在实际交易中，依据趋势线与水平压力线给出的买卖点如图6-18所示。

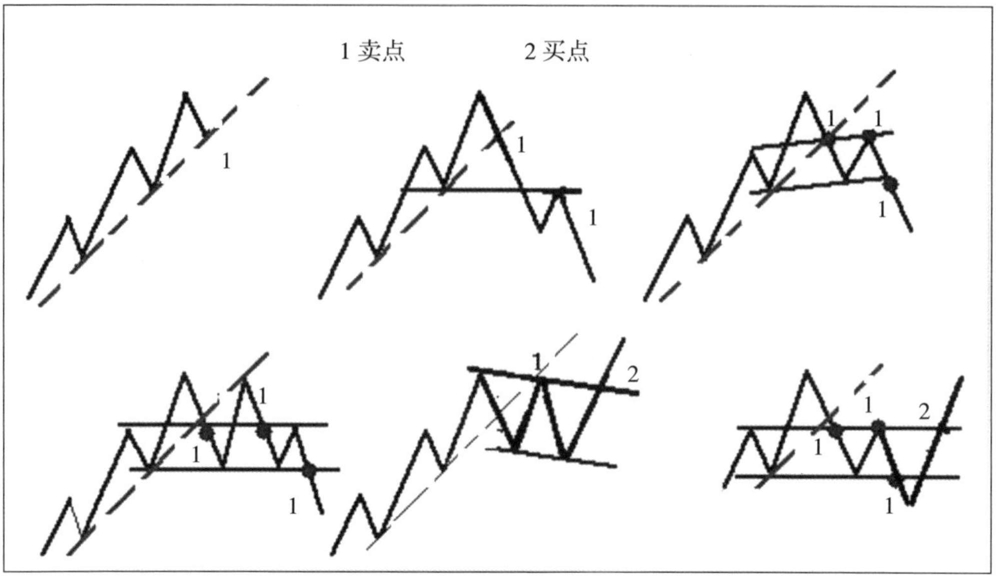

图6-18 头肩顶未形成前可能出现的走势

二、头肩底

1.形态分析

如图6-17所示，头肩底和头肩顶的形态一样，只是整个形态倒过来而已。形成左肩时，股价下跌，成交量相对增加，接着是一次成交量较小的次级上升。股价再次下跌，且跌破上次的最低点，成交量再次随着下跌而增加，较左肩反弹阶段时的交投为多，形成底部。

底部形成，价格从最低点开始回升，成交量有可能随之增加，整个底部的成交量较左肩为多。当股价回升到上次的反弹高点时，出现第三次回落，这时的成交量明显少于左肩和头部，股价跌至左肩的水平，跌势便稳定下来，形成右肩。最后，股价正式策动一次升势，且伴随着成交量的增加，当其冲破颈线阻力时，成交量更显著上升，整个形态便告成立。

2.分析要点

头肩底显示过去的长期性趋势已扭转过来，股价一次又一次的下跌，第二次的低点显然较先前的一个低点低，但很快掉头弹升，接下来的一次下跌，股价未跌到上次的低点水平就获得支持而回升，反映出看多的力量正逐步改变市场过去看空的形势。当两次反弹高点形成的颈线阻力被突破后，多方已完全把空方击倒，多方代替空方完全控制整个市场。

（1）头肩顶和头肩底的形状差不多，主要的区别在于成交量方面。

（2）当突破头肩底颈线时，就是一个真正的买入信号。虽然股价和最低点比较，已上升一段幅度，但升势只是刚刚开始，尚未买入的投资者应该继续追入。其最少升幅的量度方法是从头部的最低点画一条垂直线相交于颈线，然后从右肩突破颈线的一点开始，向上量度出同样的高度，所量出的价格就是该股将会上升的最小幅度。另外，当颈线阻力被突破时，必须要有成交量激增配合，否则可能是一个假突破。不过，如果在突破后成交量逐渐增加，头肩底形态也可确认。

（3）一般来说，头肩底形态较为平坦，因此需要较长的时间来完成。

（4）价格在突破颈线后，一般会出现暂时的回头确认过程，但回头确认点不应低于颈线。如果回头确认点低于颈线，就可能再次下跌，并有可能跌破前面形成的头肩底形态，将出现一个失败的头肩底形态。

（5）头肩底是极具预测性的形态之一，一旦获得确认，升幅大多会大于其最少升幅。

三、双重顶（底）

1.形态分析

如图6-19所示，一只股票上升到某一价格水平时，出现大成交量，股价随之下跌，成交量减少。接着股价又升到与前一个价格几乎相等的顶点，成交量随之增加，却不能达到上一个高峰的成交量，再次下跌，股价的移动轨迹就像字母M，这就是双重顶，又称M头走势。

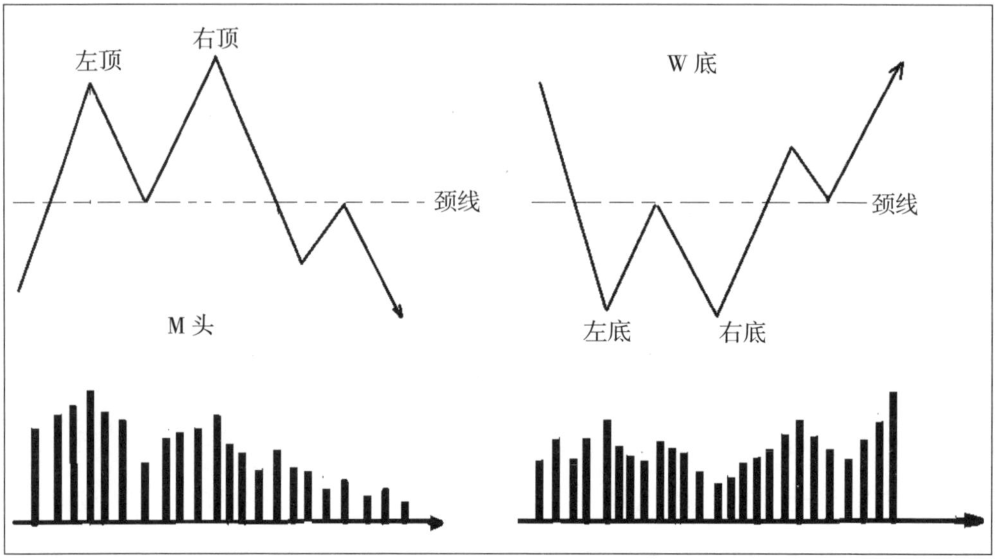

图6-19 M头、W底走势

如图6-19所示，一只股票持续下跌到某一水平位置后出现技术性反弹，但回升幅度不大，时间亦不长，股价又再下跌，当跌至上次低点时获得支撑，再一次反弹，这次回升时的成交量要大于前次反弹时的成交量，股价在这段时间的移动轨迹就像字母W，这就是双重底，又称W底走势。

无论是“双重顶”还是“双重底”，都必须突破颈线（双头的颈线是第一次从高峰回落的最低点，双底的颈线是第一次从低点反弹的最高点），形态才算完成。

股价持续上升为投资者带来了相当的利润，于是投资者获利了结，这股力量令上升的行情转为下跌。当股价回落到某水平，吸引了短期投资者的兴趣，另外，较早前卖出获利的投资者亦可能在这一水平位置再次买入补回，于是行情开始恢复上升态势。但与此同时，对该股信心不足的投资者，会因觉得错过了在第一次的高点出货的机会，而马上在市场出货，加上在低水平获利回补的投资者亦同样在这一水平位置再度卖出，强大的卖压令股价再次下跌。由于高点二次受阻而回落，令投资者感到该股没法再继续上升（至少短期该是如此），假如越来越多的投资者卖出，令股价跌破上次回落的低点（即颈线），于是整个双头形态便告形成。

双底走势的情形则完全相反。股价的持续下跌令持仓的投资者觉得价格太低而惜售，而另一些投资者则因为新低价的吸引而尝试买入，于是股价呈现回升，当上升至某水平时，较早前短线买入者获利回吐，那些在跌市中持仓的投资者也趁回升时卖出，因此，股价再一次下挫。但对后市充满信心的投资者觉得他们错过了上次低点买入的良机，所以，这次股价回落到上次低点时便立即跟进，当越来越多的投资者买入时，求多供少的力量便推动股价回升，且突破上次回升的高点（即颈线），扭转了过去下跌的趋势。

双头或双底形态是一个转向形态。当出现双头时，即表示股价的升势已经终结，当出现双底时，即表示跌势告一段落。通常，这些形态出现在长期性趋势的顶部和底部，所以，当双头形成时，我们可以肯定双头的最高点就是该股的顶点，而双底的最低点就是该股的底部。当双头的颈线跌破，就是一个可靠的出货信号；而双底的颈线跌破，则是一个入货的信号。

2.分析要点

（1）双头的两个最高点并不一定在同一水平，二者相差少于3%是可以接受的。通常来说，第二个头可能较第一个头高出一些，原因是看好的力量企图推动股价继续再升，可是却没法使股价上升超过3%的差距。一般双底的第二个低点都较第一个低点稍高，原因是先知先觉的投资者在第二次回落时已开始买入，令股价没法再次跌回上次的低点。

（2）双头最少跌幅的量度方法是由颈线开始计起，至少是从双头最高点至颈线之间的差价。双底最少涨幅的量度方法也是一样，股价突破颈线后，升幅至少是双底最低点和颈线之间的差价。

（3）形成第一个头部或底部时，其回落的低点约是最高点的10%～20%，底部回升的幅度也是一样。

（4）双重顶（底）不一定都是反转信号，有时也是整理形态，这要视两个波谷的时间差决定，通常两个高点（或两个低点）形成的时间相隔超过一个月。

（5）双头的两个高峰都有明显的高成交量，这两个高峰的成交量同样尖锐突出，但第二个头部的成交较第一个头部显著减少，反映出市场买盘力量在转弱。双底第二个底部成交量十分低沉，但在突破颈线时，必须得到成交量激增的配合方可确认。

（6）通常突破颈线后会出现短暂的反方向移动，称之为反抽，双底只要反抽不低于颈线（双头之反抽则不能高于颈线），形态依然有效。

（7）一般来说，双头或双底的升跌幅度都较量度出来的最少升跌幅为大。

第七章

时间周期线

价格走势是空间和时间的共同运动轨迹。价格运动的方向主要取决于趋势，趋势分析是技术分析的首要问题，其次是空间结构和形态结构。时间周期线主要应用在形态结构分析中，形态、黄金比例和时间是形态结构的三要素，缺一不可。有些人在使用波浪理论进行技术分析时，只注重形态和比例，而对时间不予考虑，认为时间关系在预测市场走势时不可靠。本章中我依据对时间周期线与波浪理论多年的学习与实践经验，讲一下时间周期线的使用及画法。

第一节　黄金比率与斐波那契数列

一、黄金比率的哲学内涵

因为对数螺旋的起点和终点均为无限，几个世纪以来，它们一直吸引着哲学家的普遍关注。对数螺旋乃成长与衰败的终极定义，万物回归其本源，而且以新的形式再生。科学研究表明，以黄金比率为基础的螺旋在自然万物的生长中具有一种特殊意义。黄金比率一直被视为代表“第一因子”的原始分割。不仅该比率的两个要素与它们所分割之单一体之间具有直接关系，而且这两个要素之间互有差异，从而保留了创造力。

不论一个人的哲学信仰为何，黄金比率与斐波那契数列在物质世界的重要性都是不可否认的。它们是否为宇宙蓝图动态系统的一部分不得而知，但就最单纯的层面而言，自然界中依据黄金比率及斐波那契数列所构建的体系，其自身的成长壮大都是完美而简单的，这种概念理当正确。自然界没有计划确定其最终形态，也没有必要将相关的比率或数目植入所有DNA分子结构中，这些数字单纯地是成长系统中自动的副产品。

我们以螺旋状叶序为例加以说明。展现这种现象的树木与花草，其枝与叶会逐一成长，每一枝或叶都会在既存的枝或叶当中寻求最大的生长空间，这样就能使每一个部分乃至整体获得最大的生存机会。它所产生的形态恰为斐波那契数列所界定。

再以蜗牛的外壳来说，其策略性生存需求也是如此，只是其战术性需求略有不同。显然，其外壳需要配合有机体成长，但如果蜗牛背上的外壳以长圆锥状扩张，便完全不切合实际需要。自然界的解决之道是让外壳外层的成长速度比内层快，内外两层之间成长速度之差异，自然导致了对数螺旋的发展。最终结果是由不同的生长率所造成的。

"成功的"物种尽可能迅速拓展合乎自然界本身的利益。对数成长本身是成功的，同样，有理由认为对数成长的存在，是因为成功孕育了本身的成功。

价格交易属于大众行为，交易价格表面上看是混杂的、混沌的和随机的，实际混沌是更高境界的一种有序，这与自然万物的生长是一样的。波动是最根本的，万物生长都是如此，是自然本身的法则，波动的规律是普遍存在的，适用于地球上的每一种现象。价格的成长与植物的成长过程是一样的，都遵循黄金螺旋规律。

二、斐波那契数列

1.斐波那契数列

斐波那契数列指的是这样一个数列：0、1、1、2、3、5、8、13、21……，在数学上，斐波纳契数列以如下递归的方法定义：$F_0=0$，$F_1=1$，

$F_n=F_{n-1}+F_{n-2}$（n≥2，n∈N*）。用文字来说，就是斐波那契数列由0和1开始，之后的项由之前的两数相加，依此类推下去，你会发现，它后一个数等于前面两个数的和。这个数列中的数，就称为斐波那契数。

2.斐波那契数列的特点

斐波那契数列有三个重要特点：①数列中的每一项（第二项之后）皆为其前两项之和，即1+1=2，1+2=3，2+3=5，3+5=8，5+8=13，数列中的每一项（在某一项之后）可以用前面数项之线性组合来表示，这种数列被称为递归数列。斐波那契数列即为第一个著名的递归数列；②数列的每一项除以其前一项所得到的比率约为1.618。更精确地说，连续两项的比率在1.618上下浮动。其与1.618的背离程度，数列的前段大于后段。1.618的倒数为0.618，也就是说，数列中的每一项除以其后一项的比率约为0.618；③间隔项之间的比率为2.618，而其倒数为0.328。数列中的任何一项除以其前两项，结果为2.618；如果除以其后两项，则结果为0.382。同样，该比率的精确程度，数列的后段高于前段；④相同程序可以重复在相隔较远的任何两项之间。在斐波那契数列中，间隔两项之任何两项的比率为4.236，其倒数为0.236；间隔三项之任何两项的比率为6.853，其倒数为0.146；依此类推。

重要的斐波那契比率：1/1.618=0.618；0.618×0.618=0.382；1.618×1.618=2.618；2.618×1.618=4.236。从斐波那契数列可以导出若干比率，比率之间又有许多相关性。

第二节 时间周期线与波浪理论 1 浪、2 浪的关系

前面讲的同级别推调浪中调整浪的时间要求，主要是通过三个维度的计算数据来判断调整浪的基本位置以及走势是否“健康”。其中时间方面的依据是“价格等于时间，时间等于价格”，进一步解释就是，当调整时间超越前期同级别调整时间时，趋势将要发生变化。

本节要讲的1浪、2浪与时间周期的关系，是指应用1浪、2浪运行时间作为初始数据来判断后市3浪、5浪或调整4浪、ABC浪的时间之窗，是对艾略特5-3结构中的各浪之间运行时间的总体分析。

一、1浪、2浪运行时间的意义

1浪是大级别的下跌趋势调整末期，多方进行的一次试探性进攻。1浪、2浪可以说是多空双方在初始混沌区域博弈中以多头小胜为终结的第1个子级别5-3循环结构，是多头进场第一次扭转下跌趋势的主动行为。在迷茫的下跌调整末期，一波凶猛的下跌使恐慌盘卖出，成交量放大，主力资金进场。1浪、2浪没有完成时不确定性大，没有多大的操作价值，但是1浪、2浪具有非常大的分析价值，是分析后市的基础数据，对研判后市走势，无论是在空间上还是时间上，都有重要的意义。

二、时间之窗分析工具

在选择时间分析工具上，大智慧免费软件中的时间分析画图工具比较好用。

1.周期尺

周期尺是以一波上涨或下跌的运行时间为基础，应用黄金比例0.382、0.618、1、1.382、1.618、2、2.382、2.618、3、3.382、3.618……来判断未来时间之窗的一个画图测量工具。

如图7-1所示，2020年3月19日，上证指数自低点2646.80点起走出一波上涨行情，7月9日到达高点3456.97点（11日高点量价背离属于虚假高点），这波上涨属于（3）浪中的第1浪，上涨共运行75天。

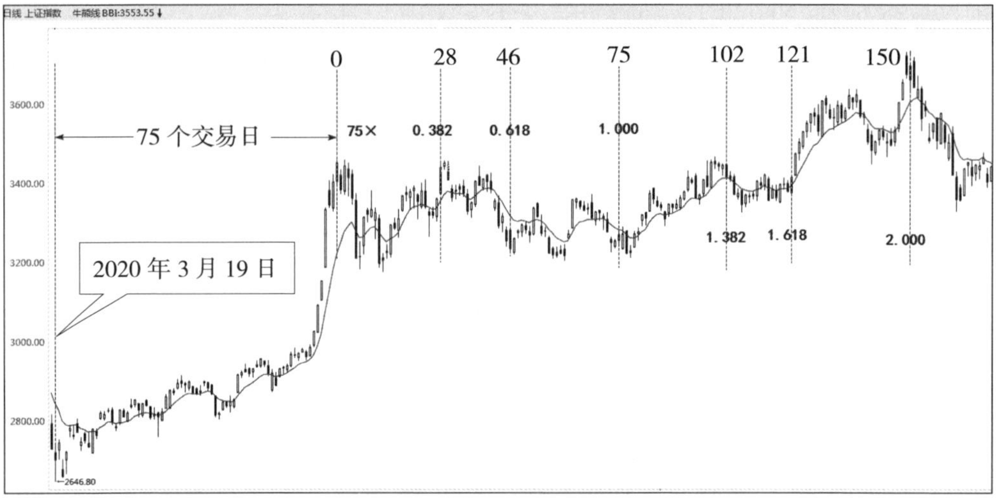

图7-1 应用周期尺画出的上证指数时间之窗

2.应用周期尺画图的方法

如图7-1所示，画图方法是点取周期尺，连接一波行情的起点和终点，就完成了画图工作，虚线是自然产生的，可作为预判后面走势的时间之窗。还有一点就是，如果起点和终点连接得不准，可以点击鼠标右键，再选择编辑画线，就可以校正起始点的数据值及日期。

上证指数的这波上涨行情共运行75天，调整第1个时间之窗是0.382位置，时间是75×0.382＝28天；第2个位置是75×0.618＝46天；第3个位置是75×1＝75。以此类推，图中共有4个时间之窗，可以说是相当准确了。

如图7-2所示，为中科创达在2018年10月19日为起点的走势图，1浪共运行91天。0.618位置之后出现了2浪低点；1.618位置恰好是3浪ⅱ的起点，也是突破1浪后出现的最佳买点；2.618位置可以说基本上是3浪高点；3.618位置也恰好是5浪高点。还有3浪ⅳ也在时间之窗4左右，3浪ⅰ的高点在时间之窗1.382附近。可以看出，不仅时间之窗精准得难以想象，而且最主要的高低点都在最主要的黄金比例0.618、1.618、2.618、3.618上，这种主要对主要、次要对次要的排列法绝非偶然，体现了价格运动的自然协调性。

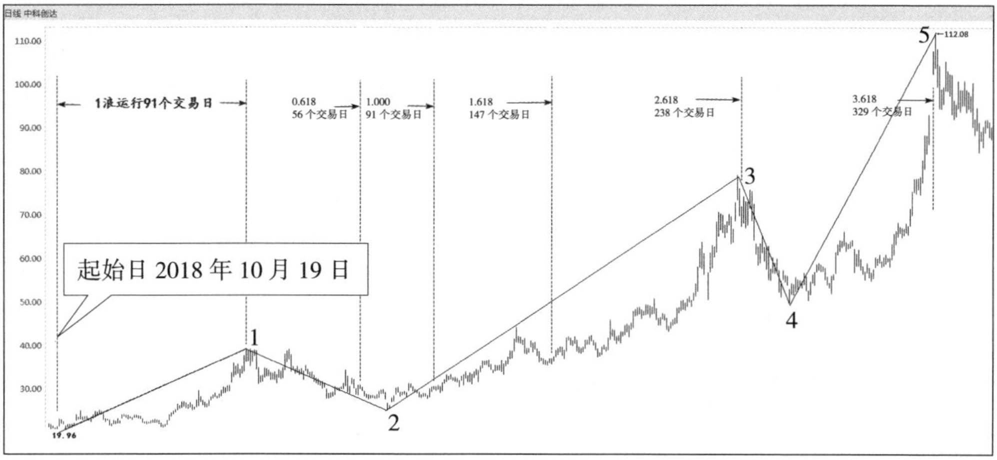

图7-2　中科创达时间之窗1

时间周期尺还有一种应用方法，就是依据推动浪与调整浪的运行时间为基础数据，测量后面走势的时间之窗。

如图7-3所示，画图方法是点取周期尺，连接推动浪的起点和终点，然后将画笔转向调整浪终点，画图完毕，虚线是自然产生的，可作为预判后面走势的时间之窗。同样，这种画法也可以校正，点击鼠标右键，出现的编辑方框中有三个点的价位与时间都可以校正：推动浪起点、推动浪终点、调整浪终点。

这种画法理论上依然是以推动浪1浪的运行时间作为依据，只是将预测时间之窗的起点移动到调整浪2浪的终点。可以看出，采用这种方法得出的未来时间之窗没有第一种准确。但是要注意，准确不准确与哪种方法无关，主要是主力资金运作的时间周期不同，股票走势的时间之窗就不同。分析操作时两种方法都要试，首先在子浪上试，也就是在1浪 i 和1浪 ii 上试。如果都不准，那就要采取其他办法。时间之窗之所以比较难搞准，就是因为主力资金的操作手法不同，人的性格不同，习惯不同，做事的方法和步骤也不同，你若想跟他合作，就必须了解他，要因人而异，不能用一两种方法对待所有人。

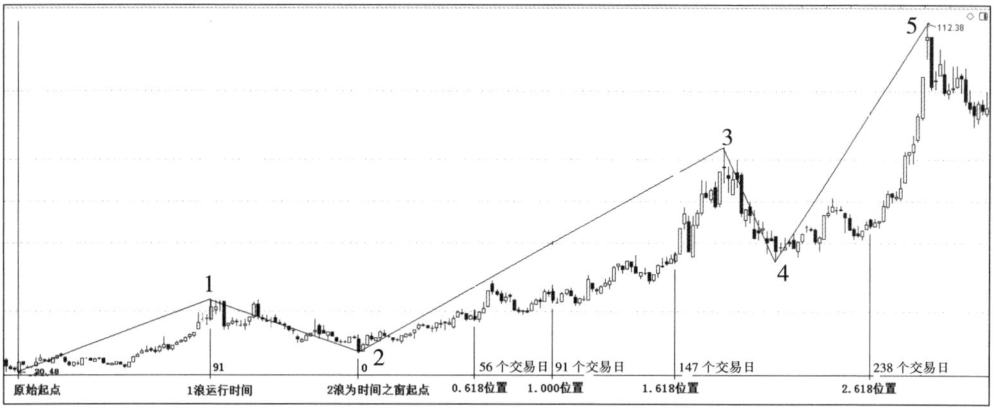

图7-3　中科创达时间之窗2

3.斐波那契线

斐波那契线的应用最简单，只要找准起点，用画笔在起点上一点，一个0、1、1、2、3、5、8、13、21……的斐波那契数列就出来了，数列中的每一个数都是未来时间之窗。

4.斐波那契时间

斐波那契时间应用是以0.382、0.618、1.000、1.618、2.618、4.236、6.854……数列为基础展开的。

图7-4　安集科技斐波那契时间

如图7-4所示，斐波那契时间的画法也很简单，由两个点构成：画笔起点一般选1浪的起点；画笔的第2点是指斐波那契时间数列中的1.000时间之窗位。将2点落在K线图上哪一点是个关键问题，我选择2浪终点。1浪、2浪内部结构是一个完整的5-3结构，也是多方与空方进行的一次博弈，是多方胜利的表现，是价格形态分析的基本单位。在实际画图中，移动画笔到第2点的同时，要注意前面0.382和0.618两个点是否与价格形态位置特征相符，如果前面两个点中的一点也恰好在1浪高点附近，就说明对时间之窗的预测准确性高一些。

三、周期线与江恩的轮中之轮分析方法在K线上的应用

周期线也称为江恩周期线，周期线应用的理论基础是江恩理论关于时间的论述，江恩没有说明市场循环的成因，后人只能从他留下的分析方法中学习。

“轮中之轮”是江恩的重要循环理论。量度时间的基础来自地球的自转。江恩的市场周期循环理论最短为4分钟的市场循环。4分钟是所有市场循环中最细的一个，这是因为一天有24小时，折算成分钟为1440分钟，地球的自转一天为360度，地球自转1度所需要的时间为1440÷360，等于4分钟。

如图7-5所示，若根据这个4分钟的循环理论，一波趋势运行2小时、3小时或6小时之后便可能逆转。若市场在一天之中的某段时间出现一个重要的转折点，则1天或2天之后的这段时间，便要特别留意市势的变化，市场可能又会在这段时间出现一次逆转。因为1天后或2天后是60度和120度的时间之窗位置，所以要特别留意这个时间点。对于短线投资者来讲，当一个重要低点形成后，以其为起点，之后的时间之窗位置分别是2小时、3小时、6小时、8小时、12小时、16小时、18小时、24小时，见表4-1。这是一个以4分钟的市场循环周期运行的时间之窗点，经过24小时完成360度循环。“轮中之轮”是江恩重要的循环理论，十分有趣，也非常有实际应用价值。

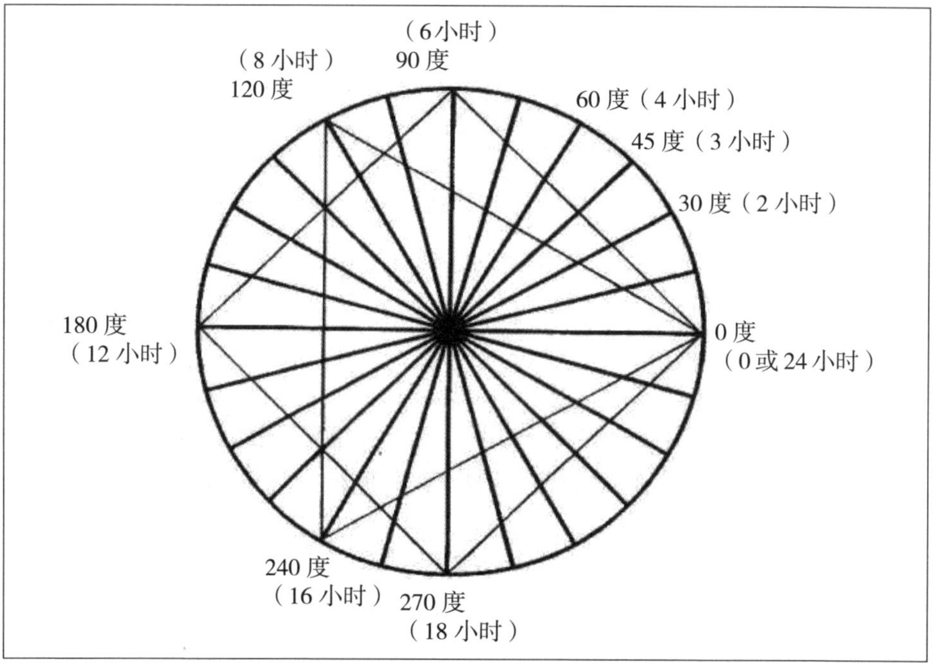

图7-5 江恩4分钟“轮中之轮”循环周期图

表7-1 江恩4分钟“轮中之轮”时间之窗

地球自转角度	0	30°	45°	60°	90°	120°	180°	240°	270°	360°
时间循环（小时）	0	2	3	4	6	8	12	16	18	24

江恩的“轮中之轮”理论是江恩时代的产物，虽然我们今天依然可以应用它分析价格时间与空间的阻力位与时间之窗，但是不免有些繁杂。我们完全可以依据江恩的“轮中之轮”理论，将时间之窗画在K线图中，具体画法可以参考下面的案例。

案例1　以24小时为循环周期

以上证指数为例，将江恩4分钟轮中之轮时间之窗展示在K线图中，将24小时视为一个短线周期，而每小时为地球自转15度。再将24小时折算成分钟，计算地球自转一度所需要的时间：24×60÷360＝4分钟。

我们用1根K线表示4分钟。画出时间之窗的第一步是设置1根K线为4分钟，然后找到一个有意义的起始点，接下来就可以点击周期线，用画笔点击起始点，然后将画笔向后拖到第15根K线，点击鼠标，画线结束。

如图7-6所示，为2020年11月2日—10日的上证指数4分钟走势图。由0度到360度，是上证指数24小时短线循环周期，起点3209.91点、终点3368.88点与最高点3387.62点仅差不到20点，其中90度、180度、270度、

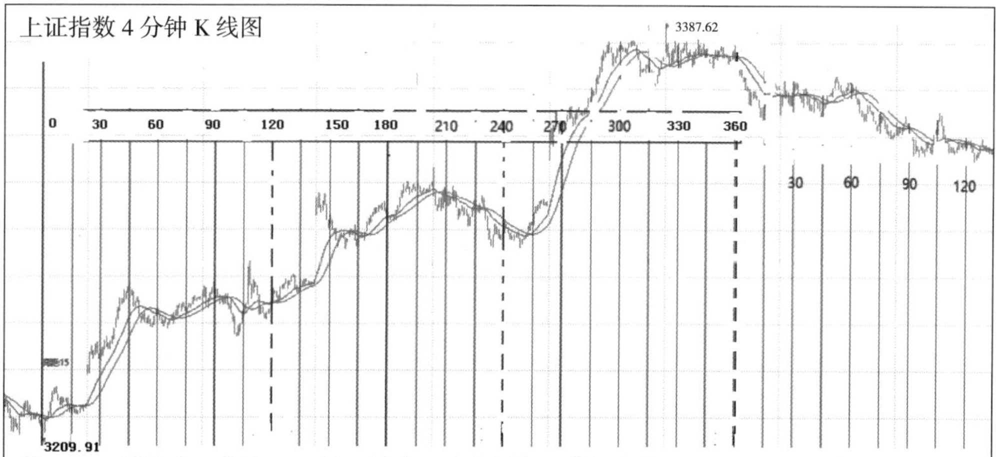

①一根 K 线代表 4 分钟、15 根 K 线为一个小周期；②粗线代表四方形位置；③虚线代表三角形位置

图7-6　上证指数江恩轮中之轮一天循环周期时间之窗

360度是四方形4个点的位置。而120度、240度、360度是三角形三个点的位置。江恩指出，在轮中之轮中，四方形和三角形上的点是重要的时间之窗。由上证指数这个例子可以看出，指数在四方形与三角形的点上都有不同的表现，当指数到达360度位置完成一个循环周期后，4分钟图上连续拉出9根较大的阴线。读者可以将这个例子在电脑上进行复盘，以体会江恩“轮中之轮”时间之窗的魅力。

案例2　以年为循环周期

一年循环周期是一个非常重要的循环周期，是中长线时间之窗的参考依据。现在将江恩轮中之轮一年循环周期应用于电脑K线中分析价格的时间之窗。江恩的循环理论以一个圆形的360度作为分析架构。我们选择交易日计量时间之窗，首先计算出一年有243个交易日，按小时计算，交易时间共有972个小时，由此可以计算出360度循环周期中每一度的时间是972÷360＝2.7小时，也就是162分钟/度。如果按江恩的“轮中之轮”理论，以逆时针的螺旋形式增长运行24个阶段为一个循环，当螺旋形共运行15个循环时，就构成360度的一个大循环。换句话说，也就是将圆分成24份，15度为一等分就是一个时间之窗。

上面已经计算出江恩轮中之轮的1度是162分钟，我们用一根K线表示，画出时间之窗的第一步是设置1根K线为162分钟，然后找到一个有意义的起始点，接下来就可以点击周期线，用画笔点击起始点，然后将画笔向后拖到第15根K线，点击鼠标，画线结束。

江恩认为，圆形、三角形及四方形是一切市场周期的基础。轮中之轮的时间分析最重要的点位是三角形及四方形的顶点，依次是0度、180度、90度（360度的1/4）、120度（360度的1/3）。

如图7-7所示，以拓普集团2021年9月24日最低点33.31元为起始点0度画线，当价格运行到90度时，形成阶段性高点。

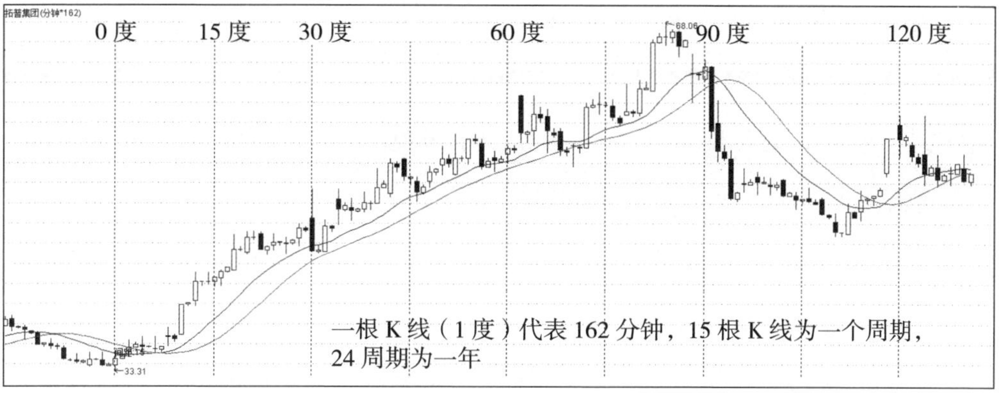

图7-7　拓普集团江恩轮中之轮一年循环周期时间之窗

本节共介绍了4种测量时间之窗的工具，有周期尺、斐波那契线、斐波那契时间以及江恩周期线。周期尺只有大智慧软件中有，其余的工具一般软件中都有，只是名字不同，比如自由费氏线、黄金比例线等。无论是哪种画图工具，你必须知道它的原理是什么，才能用得好。还要强调一点，时间之窗画线工具不存在准与不准之说，只能说因股而异，道理前面已经讲过了。

第三节　二十四节气与江恩时间之窗

江恩对于大自然气候的变化十分敏感，作为一位天文学家，他认为金融市场的价格波动，经常亦有季节性的影响。据他的观察，投资者需要特别留意两个时间段：1月份的2日—7日，以及15日—21日；7月份3日—7日以及20日—27日。从天文学的角度来看，1月5日被称为“近日点”，是地球轨迹离太阳最近的一天，因此地球公转速度最快。7月5日则被称为“远日点”，是地球轨迹离太阳最远的一天，因此地球公转速度最慢。此外，从气候节气来看，1月20日在中国被称为“大寒”，而7月23日则被称为“大暑”，是一年气温最极端的时间。江恩发现并非常重视气候对市场情绪影响的周期。

关于1月份，江恩提醒，要留意该月市场所造出的顶部或底部，除非1月份的顶部或底部突破，才可决定该年市势的上升或下跌。有时市场在1月份造出的顶或底，要等到该年的7、8 月才能突破。在某些情况下，这些1月份的顶部或底部会成为全年的顶或底。

江恩的长中期循环理论可以说十分简单，是将一个圆形的360度按月份划分，从而计算中期循环。

对于市场的短线循环周期，江恩研究得十分仔细。他的分析方法亦是利用一个圆形的360度作为分析的基础，从而分析一年的走势。一年的循环乃是地球围绕太阳运行一周的时间，将地球的轨迹按比例分割，便可以得到市场短期的循环。

如图7-8所示，江恩选取春分点作为一年循环分割的起点，春分点亦是太阳回归的时间，日与夜时间均等，日期为3月21日。在分割比率上，江恩采用4种分割方法将一年分成1/2、1/3、1/4、1/8。时间上恰好与中国的二十四节气不谋而合。

角度	0	45	90	120	135	180	225	240	270	315
节气	春分	立夏	夏至	大暑	立秋	秋分	立冬	小雪	冬至	立春
比率	0	1/8	1/4	1/3	3/8	1/2	5/8	2/3	3/4	7/8
日期	3.21	5.05	6.21	7.23	8.05	9.22	11.08	11.22	12.21	2.04

图7-8　一年循环中江恩分割与中国的二十四节气1

如图7-9所示，江恩的时间循环理论与中国农历的二十四节气不谋而合，前者用以分析市场价格走势的变化，后者则用以分析大自然气候的变化，二者看上去毫无相干，实际上却不谋而合。这也证明了股市价格走势遵从自然规律，其互相呼应的程度令人赞叹。

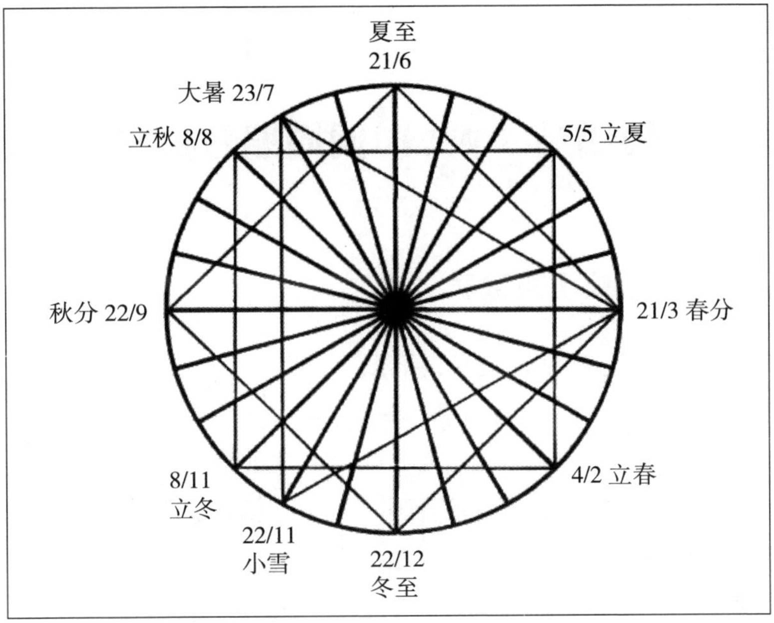

图7-9　一年循环中江恩分割与中国的二十四节气2

江恩时间循环的分析方法，就是将圆进行3等分、4等分、8等分等，将各个周期的时间均衡代入，从而得到共振周期时间。方法十分简单，尤其是用电脑操作更方便，投资者只要弄懂分析方法，就可以在各个周期进行分析，从而总结出重要的时间点。

另外一点，分析股票价格走势的变盘点，不能单凭时间之窗去判断。趋势、空间、时间及形态是分析价格走势的四大要素，应该本着一次性原则进行综合分析判定趋势的转折点。例如，价格跌破上升趋势线，空间上也出现上升以来的最大跌幅，形态上完成3波或5波上涨结构，又遇上大周期与小周期的时间之窗共振，那么变盘的概率就大大增强了。如果趋势、形态以及时间三者都有变盘倾向，空间位置差些，那么变盘的概率也很大。如果只是形态与时间在某个点产生共振，产生的调整可能只是短期的，不会导致变盘。

第四节　WZ 时间周期分析法

一、WZ时间之窗修正系数表

WZ时间之窗修正系数如表7-2所示。

表 7-2　WZ 时间之窗修正系数表

初始周期——W	4	5	6	7	8	9	10	11	12	13	14	15	16	17	18	19	20	21	22	23	24
修正系数——Z	+2	+2	+2	+1	+2	−1	+4	+5	−3	+3	+5	+8	−4	+4	−4	+1	+4	+7	−5	+9	+8
画线起点间距	6	7	8	8	10	8	14	16	9	16	19	23	14	21	14	20	24	28	17	32	32

W：时间节律周期（单位：小时、日线、周线、月K线）

Z：时间节律系数

二、WZ时间之窗画法

W初始周期，为一波上涨或下跌行情的运行周期 K线数量，也是测量后市的时间周期值。节律系数时间之窗的具体画法是，以初始趋势运行周期数为时间之窗周期数，起点为第W+Z根，画出等比例时间（W）周期之窗。

如图7-10所示，东方雨虹从2021年6月4日63.92元起开始调整，第1波从最高点到最低点调整共用9周。数K线数量的原则是：数低点就不数高点。W=8，从节律表中可查得Z＝10。这样我们以4日起往后数10周就是画线的起点，应用等比例时间之窗线，时间周期为8周，画出节律系数时间之窗。

如图7-11所示，以东方雨虹2021年3月12日的最低点42.21元为起点，到上涨最高点63.92元，共用13周。数K线数量的原则是：数低点就不数高点。W=12，从节律表中可查得Z＝-3。这样我们以3月12日为起点往后数9周就是画线的起点，应用等比例时间之窗线，时间周期为12周，画出节律系数时间之窗。

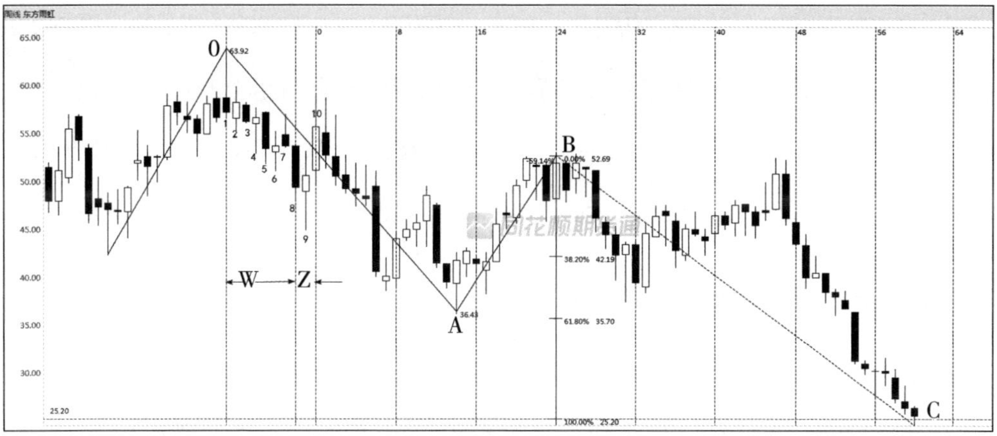

图7-10　WZ时间之窗画法1

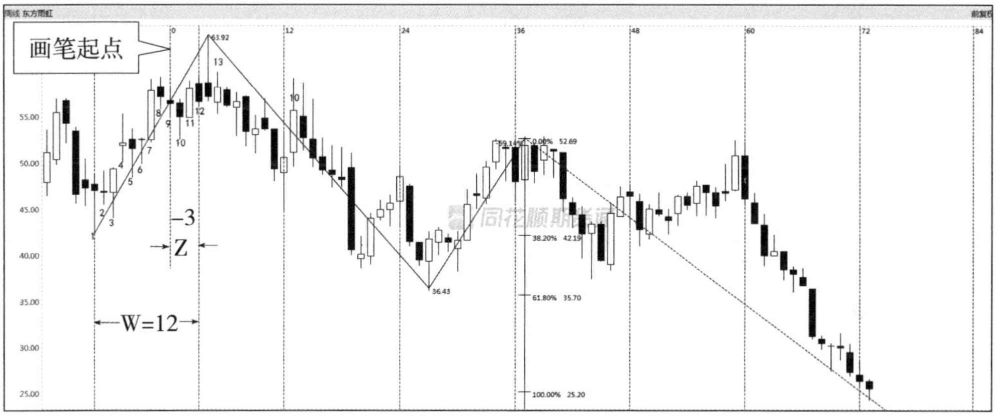

图7-11　WZ时间之窗画法2

三、初始周期（W）的选取原则

1.完整趋势原则

初始周期的选择，可以在30分钟K线、60分钟K线、日线、周线或月线等任何周期上选择，但必须是一段完整的趋势运行周期。高点或低点的选取都是分析周期框架内的阶段性高点和低点。

2.必须遵从道氏理论对趋势的定义

道氏理论对多头市场的描述：多头市场由一系列不断上升的高点与不断上升的低点组成，价格调整只要不跌破前低，就不能判断上升趋势结束。

道氏理论对空头市场的描述：空头市场是由一系列不断下降的高点和不断下降的低点组成。反弹只要不突破前高点，就不能判断下降趋势结束。

3.阶段性趋势的划分应结合波浪理论

W的选择应是一波上涨或下跌行情的启动源头，必须是已经完成的、连续的运行趋势。如3浪已经终结，且出现阶段性高点后，价格跌破3浪上涨趋势线，反弹没有创出新高，也就是说，4浪调整也已经完成了A浪中的a、b两个小浪调整，我们才能选择3浪中的v浪运行周期作为W——测量周期。

4.周期共振

图7-10和图7-11两个案例中，我们以2021年6月4日最高点63.92元为分界线，采用左右两侧一波上涨和一波调整周期来分别测量后市时间之窗，两种测量结果的共振区域形成变盘的可靠性就更大。

第八章

止损的意义与止损线的画法

止损就像一把锋利的刀，它使你鲜血淋漓，但也能使你不伤元气地活下去。它可以不扩大你的亏损，保护你已经取得的利益，化被动为主动。在资本市场中生存，需要耐心，需要信心，但耐心、信心不代表侥幸，不懂得止损的投资者，就输在侥幸上。止损是投资的基本功，是交易成功的保证。

第一节　止损是投资中最重要的一环

投资大亨们都有一个重要的观点，就是没有什么交易规则比及时止损更重要。抛售一只亏损股对任何一个投资者来说，都是一个艰难的决策。接受了损失，也就意味着承认了失败。从人性的角度来讲，这是与天性背道而驰的，这也是为什么有如此多的投资者持有亏损股票期待反弹的原因。

为了克服“割肉”所带来的情感压力，专业的投资者都是事先就决定什么时候要止损。事先设置止损点的方法很多，其中固定模型和画线是技术分析者最好的止损工具。

事实上，在股票市场取胜的秘诀就是，当你错了的时候，你知道错了，并能尽可能以最小的代价改正——实施止损计划。换句话说，为了获得胜利，你必须认识到，当你可能是错了的时候，就应该毫不犹豫地卖掉股票止损。

一、止损的重要性

江恩非常重视止损的作用，他认为不设立止损是交易失败的三大原因之一。投资者对资本市场的理解和认识不同，进入资本市场获利的成功率就不一样，但是分析水平的高低，区别的只是成功率的大小，而有没有止损，则是本质的区别。所以，止损不仅是投资者的一个保护措施，更是交易者的看家法宝。

止损是用于保护已获得的利润和防止亏损进一步扩大的措施。入场交易的同时，就必须考虑如何设定止损。所谓的“我已经无法止损”，是因为入场前根本就没有仔细分析，跌破哪个点位会改变上升趋势。从技术上讲，是不明白，从概念上讲，是根本没有设置止损点的概念。保护盈利与保护资金同样重要。

二、鳄鱼法则

伟大的交易员有一个有用而简单的交易法则——鳄鱼法则。所有成功的投资者在进入市场之前，都要反复训练，加深对这一法则的理解。

鳄鱼法则源于鳄鱼吞噬猎物的方式：猎物越试图挣扎，鳄鱼的收获越大。假定鳄鱼咬住你的脚，如果你用手臂试图帮助你的脚挣脱，则它的嘴巴便会同时咬住你的脚与手臂。你越挣扎，便陷得越深。所以，万一鳄鱼咬住你的脚，务必记住，你唯一的生存机会便是牺牲一只脚。鳄鱼法则告诉我们，当你知道自己犯错时，应该立即离场，不要再找借口、理由或有所期待，赶紧离场观望是最明智的选择。

三、止损是投资获利的保证

没有设置止损保护的交易，往往会导致投资者两手空空，被套与获利是交易中最普通的两件事。对于一个成熟的交易者来讲，在进入市场之前就必须明确地知道价格跌破哪个点位，趋势会发生变化，并且在交易之前就将该点设置为止损点，止损点与操作计划是同时制订的。例如，当买入条件成立，买入建仓，止损点设为前两个交易日的最低点，这就是江恩的三日线止损法，很简单。在进入市场后，一旦价格没有按照预期趋势发展，而是朝相反的方向发展，使自己的头寸处于亏损状态，并到达事先设立的止损位时，应立即执行止损操作。

交易者盈利时，也要设立止盈保护，避免账面利润过分损失。失败的交易者一般就是没有使用止盈保护，或没有正确地使用止盈保护。实际上，止损、止盈保护贯穿投资全过程，是整个交易不可或缺的一部分。

四、分析能力是制订止损计划的基础

制订正确的止损计划，需要多方面的投资知识和投资技巧，而执行止损计划需要螳螂断臂的勇气，二者缺一不可。投资者需要学习、研究、思考并解决投资过程中最基本的三个问题：①趋势；②目标；③方法。你需要把本书所有内容都研究透，投资类图书不是你看一两遍就可以融会贯通的，即使你再聪明，也得学习、实践，再学习、再实践，反反复复地总结成功与失败的经验，才能取得进步。那些耍点小聪明、懂了几个指标、会画几条线就觉得自己全都懂的人，一定会被市场教训。投资犹如修道成仙，只有在你对市场有了深刻的理解和认识之后，反复学习才有升仙入境的机会，至于能达到几层境界，还得看你修行的悟性。

第二节　止损线的画法与止损点的设置

学会止损、止盈，才算懂得交易。交易必须有明确的买卖点和止损、止盈点，否则交易就是混乱的。投资者必须通过固定的模型，让自己的交易行为实现机械式交易。只要有买入行为，就必须设置止损点。只要持仓，就必

须设置浮动的止盈点，以确保截断亏损，截断账面利润的损失，实现资产稳固增长。

一、正确画出WZ结构图

WZ结构是一个固定交易模型，在5分钟、30分钟、日线及周线都可以寻找这种模型。画出结构线，买点、止损点在5分钟、30分钟、日线或周线交易模型中是一个固定位置。

完美世界60分钟K线图如图8-1所示。

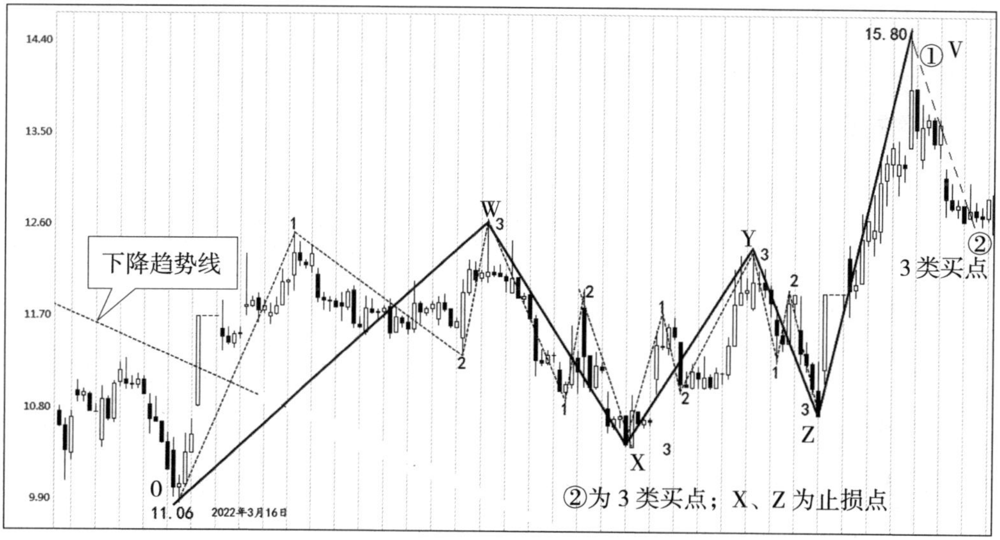

图8-1 完美世界60分钟K线图

应用时还应注意以下几点。

（1）0W线段走势是突破之前下降趋势的一波反弹行情走势，一般情况下，一个日线级别下跌趋势的终结，将有一个确定性较强的30分钟反弹行情将要展开。明确了这一点，在日线级别下跌趋势即将终结时，我们就要做好准备，去交易这段30分钟行情。交易级别就是30分钟级别，分析与操作也都要以30分钟图为依据。交易级别明确了，还要对买卖点给出一个明确的定义。

（2）X、Z点是当0点出现后，行情上涨的回头确认点和二次回头确认点，不创新低，成为本级别2类买点。2类买点是初始波完成确认点，是操作中的最佳买点，需要熟练掌握。图8-1中的X点和Z点就是2类买点。3类买点是价格突破整理区域出现的买点，整理区域又分为初始中枢区域和混沌区域（为了清晰选择60分钟K线）。

（3）由0W、WX、XY、YZ四条线段构成了两个二波结构。第1个二波结构形成了初始波结构，第2个二波结构是对初始波结构的确认过程，结束点Z的完成，确定初始中枢成立，Z点被认为是一个确定性买点。接下来会有第3个二波结构，第3个二波结构中的2点不破前低，就会出现中枢3类买点。2点的确定性要比Z点更加可靠，2点的完成也是对第2个多空循环的确认，确认成功，多头胜利，将产生一个向上的多空循环结构。

（4）以0点为起点，通过W、X、Y、Z点画出初始上涨通道线，通道线上重合的点数越多，越可靠。这个通道线的意义重大，是这波行情回调的最后防线。

（5）发生止损有两层含义：一是操作思路上、原则上没有任何错误，但是任何事情的执行结果都是有概率性的，绝不可能百分之百准确；二是止损原则的确立也需要不断完善，不同的情况也应有不同的应对原则。要想交易不止损或少止损，就必须在这两条上下功夫。

二、确定买点、止损点、止损线

在我所知道的各种方法中，只有四种方法多年来被证明是持续有效的。一是使用固定交易模型设置止损；二是使用趋势线设置止损；三是使用自然支撑点和压力点设置止损；四是使用市场波动幅度来确定止损空间。这四种方法都是让市场告诉我们在哪里设置止损，之后再用我们各自的技术、资金、仓位管理水平以及心理和情绪状态做过滤，选择如何止损，设置多大的止损空间。如果市场告诉我们止损空间过大，让我们心里不舒服或不愿承受，就不要入市。

三、使用固定交易模型、趋势线设置止损

如图8-1所示，WZ结构是一个固定交易模型，WZ结构确认后，确定点Z是最佳2类买点，判断Z点结束必须等待①～②段形成后，才能确定Z点终结。②点才是最佳买点，②点也称为3类买点。严格地说，这个过程是①点突破YZ段调整趋势线，②点回头确认时产生的艺术性买点。假定YZ段是60分钟调整走势，当下就得去5分钟图上观察、分析，寻找②点。

止损点设置在WZ固定交易模型的两个低点，也就是X、Z点上，也可以设置在起点0点与X、Z点连线所形成的趋势支撑线上，也就是设置低点支撑线为止损线。这两种止损点设置方法的理论根据都是道氏理论：多头市场由一系列不断上升的高峰与不断上升的谷底组成，价格调整只要不破前低，就不能轻易判断上升趋势结束。价格调整跌破前低点，上升趋势被破坏，如果在接下来的一两个交易日回归到低点支撑线之上，就确认了上升趋势已经被破坏，应止损出局观望。

1.中枢2类买点的止损点

止损点一般设在WZ结构X、Z点中的最低点或设在起点0处。当价格跌破中枢组件最低点时，将继续下探初始点0的支撑。跌破初始起点，WZ结构多头形态被破坏，自然也就不是WZ结构形态，依然是上一个大的调整趋势的延续。

WZ结构确认后，走出ZV段的概率非常大，一般情况下，ZV段的上涨幅度是0W段的0.618～1倍，初始阶段买入属于试探性建仓，最多建两成

仓，而且这种建仓是多次的，是带有修复性的反反复复的过程，是次级别逢低买入、逢高卖出的波段操作区域。

举个例子说明一下修复性建仓。假定最初是在5分钟级别上建两成仓，那么，一定要在5分钟级别上监控这个上涨过程。当价格出现调整，破坏5分钟趋势时，一定要卖出一成仓，以待调整后寻找比较好的买点，重新买回。这个过程可能不只是一回、两回，我称为修复性建仓。修复性建仓的好处是，一旦第一次建仓成功，就要保持这笔交易不亏损，即使价格二次回探，跌破止损点，发生止损操作时，也是微利或少亏损。

这里还要说一点，你不能因为我说"WZ结构确认后，走出ZV段的概率非常大，一般情况下，ZV段的上涨幅度是0W段的0.618～1倍"，就认为价格一定会到达那个位置，0.618～1倍只是一个临界区域，我是提醒你，当价格到达这个区域，你要到交易级别上观察价格走势是否有终结的现象。

2.中枢3类买点的止损点

当价格突破中枢，回探出现中枢3类买点时，在2类买点建的仓才算暂时安全，但依然不可大意。形成初始中枢后，价格的上攻目标大概是混沌区域上轨，出现中枢3类买点依然属于在混沌区域内的试探性建仓，此时加仓也只能加两成，总共四成仓。操作上依然采用修复性建仓的方法，用一两成仓在中枢上轨与混沌区域上轨所构成的区间内做高抛低吸，止损设在X、Z点上。

试探性建仓阶段，盈利不是目的，安全才是第一，这一点一定要记住。盈利是等待股票进入快速拉升期时才考虑的事。如果股票进入快速拉升初期时，你还亏损，或刚盈利，你的心态可能是想卖出股票，进入快速拉升期你才考虑安全，那就是本末倒置了。

四、使用自然支撑点设置止损

上升趋势出现的调整低点就是自然支撑点，也是二波结构的终结点。二波结构是多空双方博弈最简单的结构，是博弈结果最直观的体现。当一个二波结构的终结点高于起始点，表明多方占据优势，上升态势将延续，接下来股价就会走出第二个二波结构。如果第二个二波结构的终结点也高于起始点，上升态势得以延续，将走出第三个向上的二波结构，直到接下来的某一个二波结构的终结点低于起始点，空方占据优势地位时，上升趋势才被打断。价格运动的本质就是推动成长，成长确认，如果确认成功，继续沿着确认趋势生长。如果确认失败，趋势反转，则形成新的趋势。因此，我们利用二波结构终结点与起始点的位置关系设置止损是一个非常简单、实用的止损方法。

如图8-2所示，在三峡能源30分钟K线走势图中，二波结构ⅰ～ⅳ的最高点1～6都是逐渐抬高的，二波结构ⅴ的终结点跌破起始点，但在之后的两个交易日内不能确定跌破的有效性，所以不能执行止盈计划。二波结构ⅶ的最高点没有突破前面二波结构ⅵ的最高点，在之后的走势中跌破起始点，并且经过两个交易日内的走势，确定跌破是有效的。操作上，应该执行止盈计划。

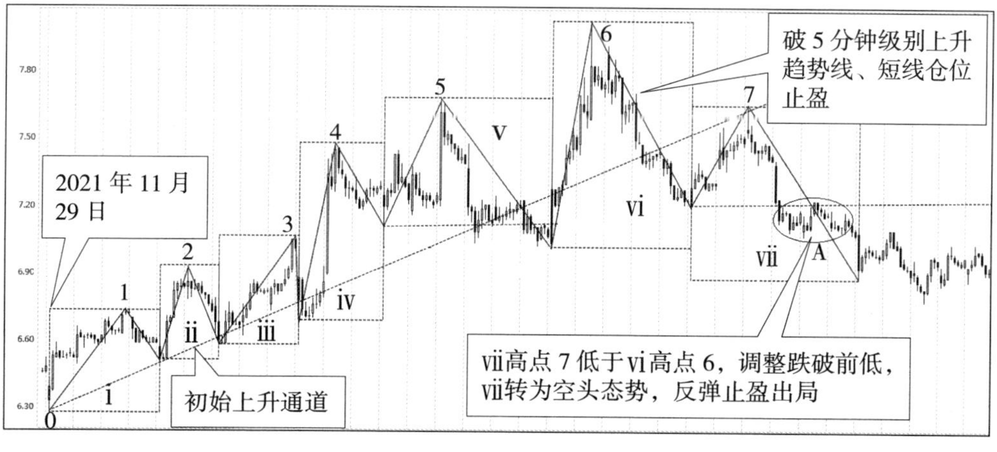

图8-2　三峡能源30分钟K线图

在实际执行止损计划后，A点区域就成了后期振荡走势的压力区域，价格经过一段时间的振荡走势，出现了深度调整，最低点与止损价位置相比，跌幅达30%多。另外还要说明的一点是，如果我们将操作做得更细一些，在5分钟级别上操作，就能找到5分钟级别止损点。

第九章

投资策略与技术分析逻辑

投资大亨们普遍认为，若想在股市获得成功，首先要明确两个问题：了解市场；了解自己。在对市场、对自己有了足够的认知后，建立一个属于自己的投资策略，方有在股市中获胜的可能。在认知问题上，投资大师索罗斯是这么说的：①对现实情况的理解，尤其是对金融市场的理解，是一个永无止境的过程；②自从我意识到了自己的存在后，我一直很想理解我自己，对我而言，理解自我是一个必须弄明白的核心问题。

第一节　技术分析逻辑与选股思路

一、了解市场，了解技术分析和交易逻辑

股票价格走势是一种大众行为，属于自然客观现象。影响股价的内在因素包括企业估值、大众情绪、主力筹码、主力策略；外在因素包括趋势、时空、形态、成交量。内因是本质，外因是表象。技术分析就是透过表象变化去分析、探索、发现价格运动背后的本质变化。

如图9-1所示，内在因素是价格变化的本质，其中主力筹码是主力机构的秘密，外人无从知晓，主力策略可通过区域分析得知，投资者只有顺从、跟随主力操作策略，才能与主力共同成长。因此，企业估值和大众情绪就成了了解、分析市场的两个主要途径。对于没有能力评估企业估值的普通投资者来讲，可采取通过分析季报、半年报和年报，明星基金、社保基金、QFII及北向资金持仓情况，选择主力机构重仓或持续加仓的行业及龙头个股的投资策略，建立自己的股票池。之后结合市场情绪和技术分析，把握投资机会。

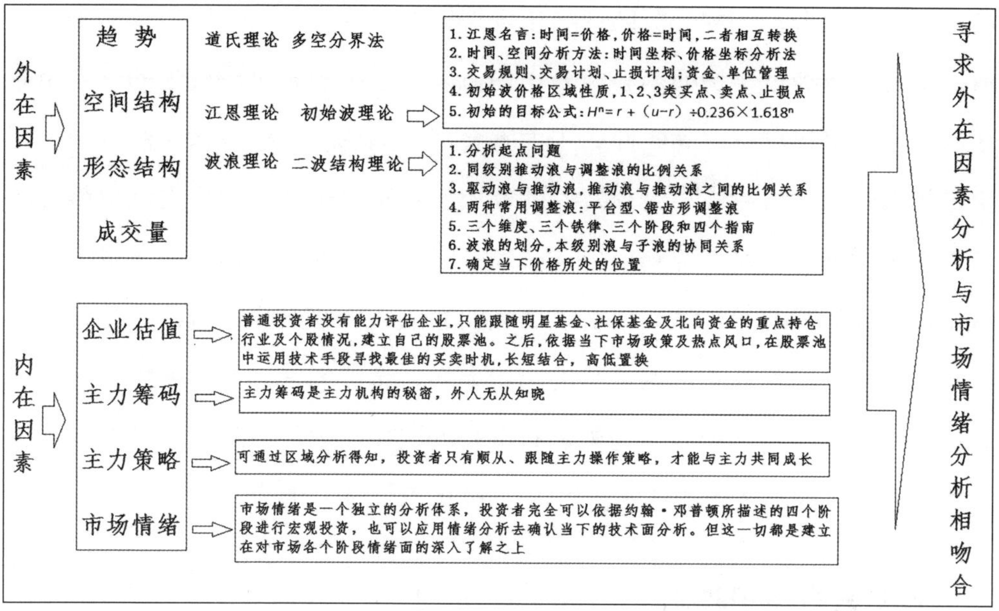

图9-1　价格走势分析理论与分析逻辑

外在因素是价格走势的表象，是技术分析的核心要素。分析逻辑上，我强调多因素的一致性和谐共振。价格走势是趋势、时空和形态的共同运动轨迹。分析中趋势是最重要的，其次是空间结构和形态结构。如果某一天你发现一只经过长期下跌的股票突然底部放量涨停，就要从三个方面对该股做画线分析：①画出下跌趋势线，将下跌趋势中反弹浪最明显的两个高点连成直线，构成反压趋势线。注意反压趋势线所接触的点越多就越有效。②依据初始波理论画出下跌空间结构线（空间结构线是分析价格调整与上涨目标位的空间结构分析）。③应用波浪理论画出下跌趋势中的形态结构线。

趋势线、空间结构线和形态结构线，从三个不同角度得出各自的分析结论，如果三种分析结论能够在一个狭小的区域内达到一致性，则会产生共振。那么我们结合成交量的有效放大，就可以判定价格趋势即将反转。至于是反弹还是反转，则应用多空分界法来具体判断。

如图9-1所示，市场分析的总体思路是寻求外在因素分析的一致性与市场大众情绪吻合，技术分析结论与市场情绪相互认证，是分析市场的核心逻辑。主力机构的运作是根据上市公司估值以及手中的筹码量决定的。当企业估值与持筹量都具备启动条件，主力就会利用消息或一些技术手段诱导、利用市场大众情绪，完成与大众筹码的交换而获利。也就是说，在低位将筹码从大众手中骗出，在高位利用上市公司的诸多利好将筹码再卖给市场大众，这也正是我们强调大众情绪分析重要性的原因。价格走势之所以存在诸多不确定性，就是因为影响价格走势的因素太多。想成为一名成功的投资者，就必须对影响价格走势的内因与外因有深刻的认知。内在思想决定外在人生，财富的获取一定是在你的认知范围内的回报。

二、技术分析逻辑基础

技术分析逻辑基础来源于单独因素的底层价格走势逻辑，价格走势逻辑由两部分构成：①空间结构逻辑；②形态结构逻辑。二者逻辑上的正确性是外在因素分析结论可靠性的保证。技术分析逻辑是建立在辩证法基础之上的一种思维逻辑，也是中国传统的思维逻辑，中国人生活中的老话、谚语都能体现这一点。究其根本，是一种辩证的、从局部推演分析到最后综合总结的过程，抓大放小、趋利避害，得出一个综合处理事务的方法。

顺大势、逆小势，是股票持仓的基本原则，中长线仓位必须建立在大周期为多头态势的走势上，而逆小势是指寻找次级别阶段性高点或低点区域进行的短线仓位逢高卖出或逢低买入的短线波段操作，是在大周期趋势保持完好的基础上的短线交易。

在价格走势分析中，趋势是重要的，分析、交易中必须将趋势放在首位，以趋势为主，通过时空、形态及成交量的变化来判断价格趋势的延续与反转。例如，当价格到达初始波成长目标位时，形态结构也完成五波上涨模式。此时，如果价格出现区域振荡，且调整幅度及调整时间都大于之前的调整幅度及调整时间，这样从时空、形态和成交量三方面就可判断达到一致性，趋势即将反转。而当价格跌破操作级别趋势线，反弹无成交量配合，此刻趋势、时空、形态和成交量都在一个较小的区域内达到一致性，发出卖出信号，则可以确认价格趋势已经发生反转。

价格进入顶部区域，一般不会马上跌下来，有时还可能创出新高，但总体上趋势已经进入横盘振荡，时间也已经大于前面一波的横盘调整时间，成交量在逐渐缩小。外在因素中只有价格还没有走坏，此时我们必须遵从辩证统一的观点，抓大放小，尊重趋势这个主要因素，放弃可能进一步上涨的空间，防范规避较大的下跌风险，逢高减仓离场为上策。

三、价格空间结构逻辑和形态结构逻辑

1.价格空间结构生长逻辑——遵循初始波斐波那契数列规律

价格走势是一种大众行为，属于自然现象。价格结构生长逻辑与自然万物的生长逻辑一样遵循斐波那契数列。我们将0.236作为斐波那契数列的起始值，得出初始波价格生长黄金数列0.236、0.382、0.5、0.618、0.809、1、1.236、1.382、1.618、2.618、4.236、6.853……去掉不符合斐波那契数列的各项，就得到初始斐波那契数列。

价格空间结构生长逻辑是价格未来走势将依据初始斐波那契数列的规律，与植物的成长过程是一样的，是逐级、逐层次进行的，展开的最大阻力在各级层次的最大直径上，而最大直径遵循斐波那契数列规律，最重要的位置是0.236、0.382、0.618、1.618、2.618、4.236、6.853等。

2.价格形态结构生长逻辑——波浪理论和二波结构理论

价格形态结构生长逻辑是艾略特波浪理论5-3结构运动规律。在研究5-3结构时，笔者发现并总结出二波结构理论。价格走势的本质是一个多空博弈

过程，而多空博弈都是以最简单的二波形式展开的，一上一下或是一下一上。所以，二波结构是价格运动最基本的逻辑结构。二波结构理论与波浪理论同根同源，其根基是道氏理论。二波结构理论是波浪理论的延续和补充，也可以说是进一步完善了波浪理论。应用二波理论可以解释波浪理论中艾略特并未解释的两个问题：①4浪为什么不能与1浪重叠；②5浪扩展与失败的分析逻辑。大多数人学习波浪理论时，都很难搞明白这两个问题，这也是千人千浪的原因。

四、外在因素分析的理论依据

外向因素分析的理论依据分别是：①趋势——道氏理论和江恩理论；②空间——初始斐波那契数列；③形态——波浪理论和二波结构理论；④成交量——完成上述三个因素的分析，还需要最后确认一下。我们使用成交量进行最后的确认，也就是利用成交量背离现象对底部与顶部形态的反转做一个判定。

五、学习方法及过程

1.明确交易理念

要记住市场是无常的，变化是永远的，只有变才有市场、才有交易。不要企图预测明天的走势，真正要掌握的本领是如何应对明天的变化。

2.掌握技术分析逻辑

我讲的技术分析逻辑是趋势、空间、形态及成交量4个外在因素分析结果的一致性。

在市场中常听一些人讲这个指标、那个方法如何好用，可一用到实际中就发蒙、就出错，其原因就是影响价格走势的因素太多，不可能应用一个指标、一个方法就解决问题。当价格走势出现变化，由于你的敏感性还不够，根本就没发现，或者说你感觉不对劲，但不知如何应对。你必须经过长时间的实践，对市场、对自己有足够的认知，才能有一套自己的技术分析方法与交易逻辑。

交易看起来是一件非常简单的事，实际上却非常复杂，复杂的是交易本身是一个综合性非常强的工作，需要交易者具备多方面的分析应变能力，除此之外还要保持良好的交易心态，克服贪婪与恐惧。

3.如何应对市场变化

如何应对市场变化：①必须真正掌握趋势、空间，尤其是形态和成交量的具体分析方法；②能够将外在分析因素融会贯通，逐级寻找一致性买卖交易区域；③最重要的是学会应对价格未来走势。切记，严格控制执行仓位管理制度，留有足够的备用金，均衡布局，才能使得短线交易有形成两头堵态势的可能，价格上涨有持仓股票可以挣钱，价格下跌有现金，可以补仓做T。还有就是短线仓位交易，交易资金及仓位最多2～3天，最好当天有机会T出来1/3。当然，这需要娴熟的技术分析能力和完整的交易体系，不能强为。

4.保持开放的心态

投资者必须保持开放的心态，对市场有敬畏之心，不能先入为主。要承认市场是无常的，无论怎么走都是对的，交易者只能跟随。对市场、对交易要始终保持一颗平常心。而这也不是说一说、看一看就能做到的，是靠长期的学习、总结以及不懈的努力才能实现。除了努力，还必须仔细研究，了解市场、了解自己，打造出一套属于自己的交易系统，有自己的投资理念、操作策略和资金管理制度。在操作上，一定要留有足够的备用金，要均衡布局，顺大势操作。中长线仓位要依据日线运动趋势制订仓位计划和操作策略，不可逆势而行。

5.学习过程

听得懂→看我怎么交易→总结我的交易逻辑→自己操作→总结交易→将交易中遇到的问题反馈给老师→与学友、老师深度互动训练→最后总结完善出一套自己的交易方法及策略。

第二节　一致性和谐共振

首先要明确概念：①一致性就是趋势、空间、形态结构以及时间在某一个狭小区域都出现买进或卖出信号，也就是说，在一个狭小区域内技术分析的三个或两个外在因素分析结果是一致的；②和谐是指艾略特5-3形态结构和谐完美，5波上涨目标与初始波理论目标和谐统一；③共振就是指空间、形态、趋势及时间之间两个因子或者三个达到一致性。

本节内容相当重要，它是对价格走势在分析理念上建立一个完整的分析逻辑和分析思想。有了这个分析思维逻辑，就能很快掌握技术分析的真谛。而且我讲的空间、形态结构分析，是依据计算结果得出来的，是用数来判断价格走势是否正常、是否健康，可以说是非常科学的分析。

一、价格空间与趋势共振

价格进入快速拉升阶段，回调幅度非常小，甚至有时在日线上都看不出低点，更不用说数浪。在这种情况下，就要到小级别上去观察，我习惯在30分钟级别上观察，另外就是应用初始波理论计算出价格空间结构。当价格到达初始波某一个理论目标价位，跌破30分钟级别上升趋势线，趋势发生变化，出现“双突”卖出信号，则是价格与趋势在这个目标位发生共振，应及时出局。现以航天彩虹5浪ⅲ的内部子浪走势讲解一下，如图9-2所示。

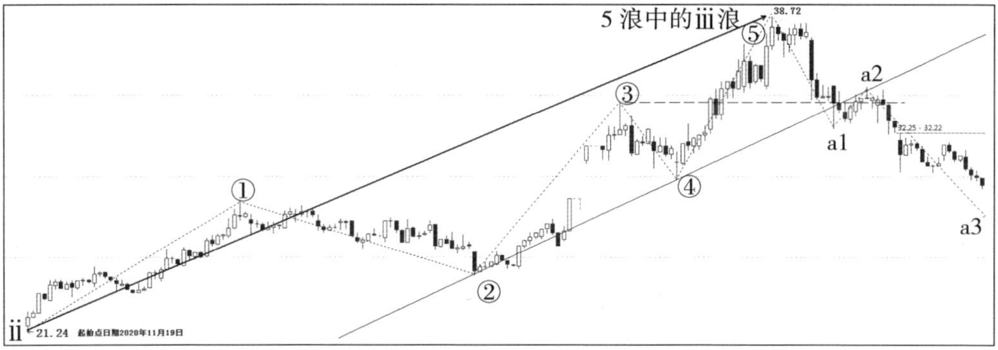

图9-2　航天彩虹60分钟K线图

航天彩虹股价的原始起点是2018年10月19日的9.26元，2019年3月15日完成月线级别1浪高点15.83元，初始波100%理论目标位是37.10元。

如图9-2所示，实际价格最高到达38.72元，第二天振荡一天，第三天放量跌停，收盘跌幅达9.41%，第四天价格跌破③浪高点，跌破由②浪和④浪最低点连线形成的上升趋势支撑线，发出“双突”卖出信号，回头确认产生的a2浪就是最佳的出局机会。

价格到达38.72元后，从空间上讲到达了初始波100%理论目标位，形态上5浪中的ⅲ浪内部子浪完成了5波上涨结构，空间与形态在一个狭窄的区域内形成一次性共振，从而引发2021年1月8日的放量大跌，大跌破坏了5浪中的ⅲ浪上升趋势支撑线，至此，趋势、空间及形态三者在一个狭窄的区域内形成一次性共振，将引发更大级别的调整。

二、价格空间与形态共振

如图9-3所示，当价格到达初始波目标价位，恰好形态结构也完成了5浪上升结构，价格空间与形态结构二者达到一致性和谐共振。

在上升结构中，理论上1浪的目标是初始波的61.8%～80.09%位置；3浪的目标是初始波的161.8%～200%位置；5浪的目标是初始波的261.8%～423.6%位置。

理论上，长春高新1浪的目标是初始波的61.8%～80.09%位置，即21.85元～24.45元；3浪的目标是初始波的1.618^2的理论目标位，即49.05元；5浪的目标是初始波的1.618^3的理论目标位，即71.06元。

实际上，2012年8月24日完成1浪高点24.46元，仅仅差一分钱；3浪高点49.62元，当3浪内部结构以完美的5波推动浪形态在高点49.62元完成，恰好与初始波的1.618^2理论目标位49.05元发生和谐共振；5浪同样是价格运行到初始波的1.618^3理论目标位，5浪v刚好完成，二者发生一致性和谐共振，72.46元成为5浪的终结点。

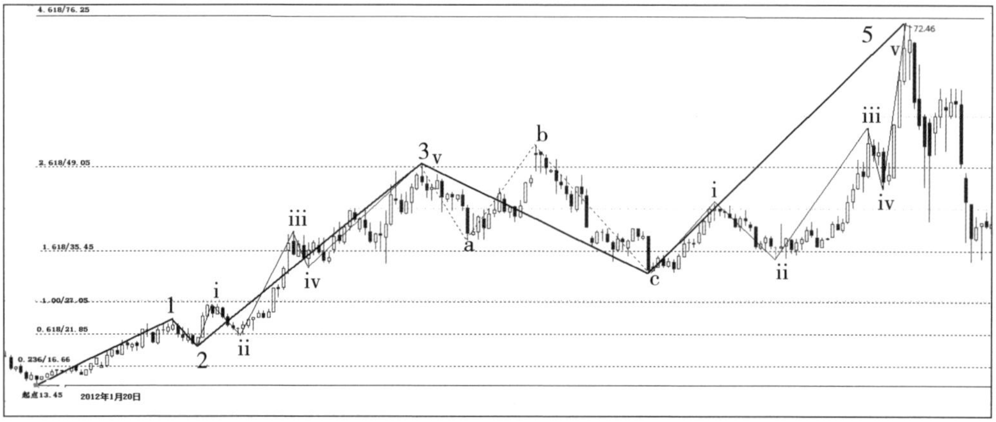

图9-3　长春高新周K线图

三、价格与价格共振

大级别调整目标位与子浪内部调整目标在一个狭小区域内达到一致性，产生共振。

如图9-4所示，金龙鱼股价的原始起点是2020年5月15日的最低点39.51元，经5波上涨最高为145.62元，完成1浪。下面分析2浪的调整位置。理论上讲，2浪调整将是1浪的61.8%～80%，经计算为60.73～80.04元。

当价格完成b浪向下调整并跌破b浪起点，我们应用调整2浪的内部结构b浪反弹幅度计算一下2浪的调整位置。a浪终点是111.48元，b浪终点是142.77元，b浪反弹幅度为31.29元。经计算，由a浪终点起向下100%位置为80.19元，向下161.8%位置为60.85元。

我们应用两种方法计算2浪的调整位置，其结果都在61元左右，当价格运动到61元左右时发生共振反转的可能性非常大。2021年7月28日最低点为66.50元，从c浪的形态结构上看还没有走完，当c浪向下跌破前低点66.50元，完成5波下跌结构，很可能会在61元左右发生共振，形成反转。

图9-4　金龙鱼日K线图

四、价格与时间共振

如图9-5所示，为创新药日K线图。原始起点1.021元，经过80个交易日，完成1浪，最高点为1.638元，从理论上讲，2浪回调不应大于1浪的61.8%～80%，也就是2浪回调价格区域应在1.257～1.144元，实际2浪a最低调到1.261元，2浪c最低调到1.211元。

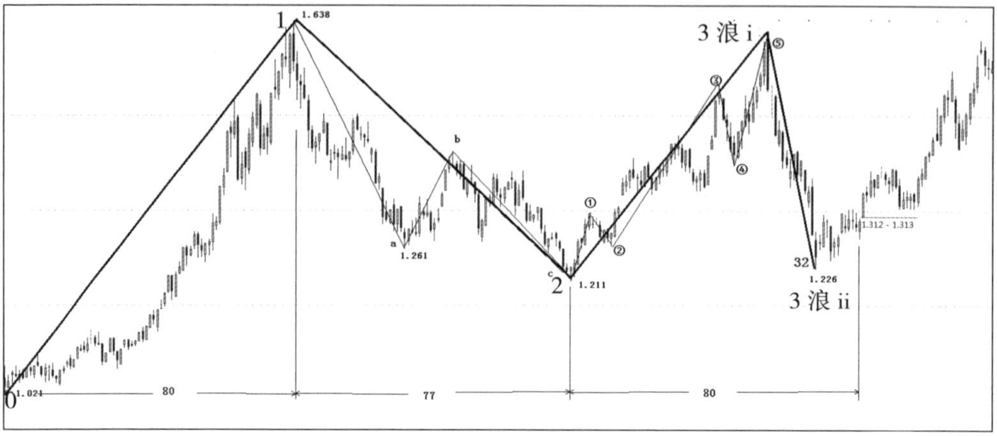

图9-5 创新药日K线图

2浪调整到最低点1.211元，用时77个交易日，调整价格空间与调整时间基本都在理论计算空间与时间之窗上，调整价格与调整时间产生一致性和谐共振。再往下看，在调整时间之窗接近1浪的2倍时，3浪 i 中的②浪出现了一个历史性跳空缺口，这也是价格与时间之窗共振的表现。前面讲过，时间之窗的种类有很多，价格运动规律遵循哪种时间之窗，不确定性很大，主要跟主力资金的性格有关。这里用的是2浪来举例，2浪调整时间有时候很长，时间过长还可能演变成B浪，正常2浪的调整时间经常在1浪运行时间的0.618、1.000、1.618和2倍。如果2浪调整时间小于1浪的1倍，表示主力资金强势，成为真牛的概率比较大，可以积极参与。

五、5-3形态结构与一次性获利MACD指标

一次性获利MACD指标最早出现在《证券混沌操作法》一书中，目的是利用一致性获利MACD指标消除波浪理论在划分细节上模棱两可的现象。《证券混沌操作法》提供了一整套几乎完美的金融投资思想、交易策略和进出场信号。作者是美国双科博士、艾略特波浪理论的实践者、杰出的交易大师比尔·威廉斯（Bill Williams）博士。

下面我们讲一下其中的一个重点问题，首先锁定MACD的参数为5、34、5。

一致性获利MACD指标主要有三项功能：①判断第3浪的峰位；②判断第4浪的终点或者是判断第4浪结束的最低条件已经满足；③判断趋势结束和第5浪的高峰值。

1.判断第3浪的峰位

3浪是加速度浪，MACD峰值是上涨中最高的（在下跌行情中峰值是最低的），其中3浪ⅲ与3浪ⅴ会形成MACD的单背离，中间3浪ⅳ的MACD是不能回到0轴的。

2.判断4浪结束的最低条件

判断第4浪的终点或者是判断第4浪结束的最低条件已经满足。4浪是3浪加速度浪之后的调整，时间会超过加速段中的所有调整时间，4浪调整结束MACD的最低条件是回0轴。

3.判断5浪的高峰值

判断趋势结束和5浪的高峰值。5浪MACD的指标会与3浪形成一次背离，并且中间的5浪MACD回到0轴，同时5浪中的ⅴ浪与ⅲ浪之间也会形成一个小背离。

3浪ⅲ与3浪ⅴ形成MACD的一个单峰背离，5浪ⅴ与5浪ⅲ之间也会形成一个单峰背离，所以5浪与3浪之间会形成MACD双峰背离现象。

如图9-6所示，起始点是2019年8月19日的9.70元。3浪ⅲ的MACD峰值是上涨中最高的，3浪ⅴ的MACD峰值低于3浪ⅲ，形成股价创新高、MACD峰值缩小的背离现象。4浪调整结束，MACD回0轴，5浪ⅴ的

MACD峰值低于5浪iii，也同样形成股价创新高、MACD峰值缩小的背离现象，5浪MACD峰值低于3浪MACD峰值，5浪MACD形成双峰背离现象，判定5浪结束。

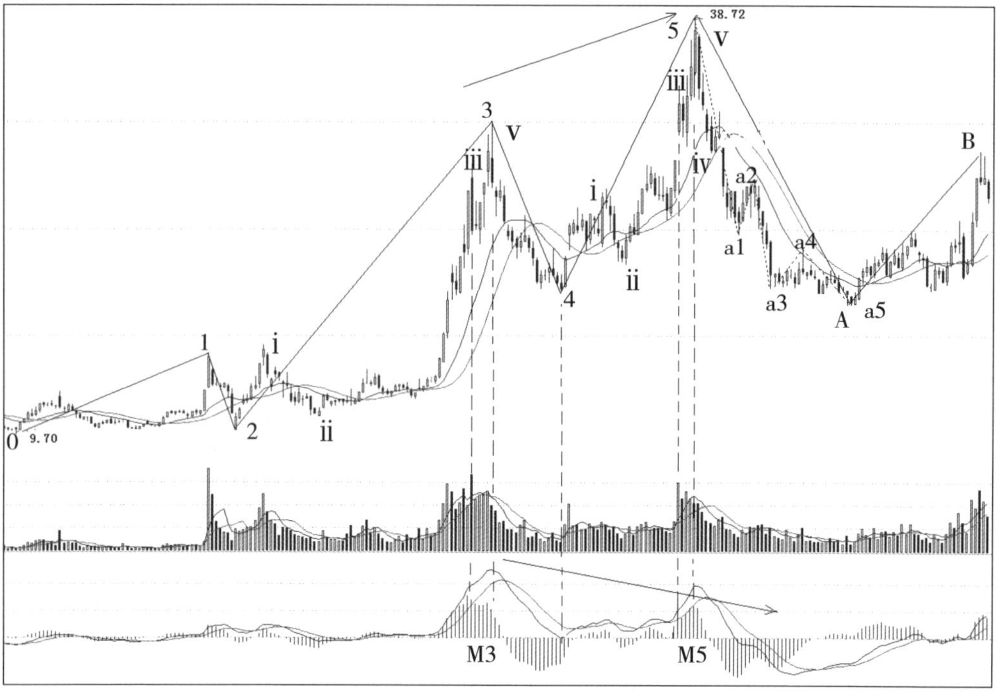

图9-6　航天彩虹2日K线图

第三节　成交量是趋势转折的重要变量

江恩认为，没有成交量支持的价格运动趋势是不可持续的，这句话反映出成交量的本质所在。在我的分析系统中，成交量作为最后一个对趋势转变的确认变量，主要从三个方面进行考量：①时间周期内，成交量对价格运动的作用；②在价格空间中压力与支撑水平上，成交量对价格运动的作用；③

在趋势运动中成交量对价格趋势的影响。这些讨论将对我们判断市场的趋势方向和转折都具有实战指导意义。

一、价格与成交量的运动方向问题

价格与成交量的运动方向存在两种关系：第一是价格与成交量的运动方向相同，价格上涨成交量也随之增加，价格下跌成交量也随之减少，这种关系称为正向关系；第二是价格与成交量的运动方向背离，价格上涨成交量却逐渐萎缩，价格下跌成交量却放大，这种关系称为反向关系。价格与成交量的运动方向无论是正向关系还是反向关系，都不能永远地持续下去。

一般一个衰竭性萎缩的顶点会出现2～5天的高位价格，同时成交量会突然增加。一个卖出高潮表现为1～5天的价格突发性地下跌，并伴随着较大的成交量。

当价格与成交量呈现正向关系时，表示成交量对价格的支持，暗示市场对价格的重新发现。这一运动趋势将保持价格进入下一个多空平衡区域，也就是到达江恩说的时间等于价格的平衡点，这一运动趋势将发生转变。

市场对大多数参与者而言是不可预测的。市场经常会发生意想不到的非理性的价格运动，这是因为市场受到两种情绪的影响和左右（贪婪、恐惧）。而这两种情绪往往都会发生在价格与成交量呈现反向关系时，因此，当价格与成交量的运动方向发生反向关系，并且此时价格正处于一个重要的时间窗口期或是在一个关键阻力位上的时候，我们就要关注，市场可能会随时变盘。

当价格上涨而成交量减少时，意味着买方力量在逐渐减小，而往往此时进场买入的人，多半是受贪欲的影响。同样，当价格逐渐下跌而成交量却逐渐增大，就意味着市场中恐慌性抛盘占据了优势。所以一定要认识恐惧与贪婪两种极端情绪对市场的作用和支配。

要了解情绪从一个方面到另一个方面的变化，一个简单而容易的方法就是将自己的角色变换一下，买方与卖方互换来体会。如果价格正在下跌，伴随着成交量的增加，表明市场的卖方筹码非常多。相反，如果股价是向下运动而成交量在不断减少，就表明卖方的筹码已经不多。如果上升的价格伴随比较高的成交量，也就是量价齐升，说明买方踊跃，价格在缩量中上升，意味着缺少卖方。

多年的实践经验告诉我们，经常研究大盘或个股每月及每周的成交量是极其重要的，研究市场成交量的目的是帮助确定趋势的转变，利用价格与成交量的运动方向的关系可以确定市场的走势。

二、成交量分析步骤

在应用成交量分析判断价格运动趋势的可靠性时，主要看连续数天成交量骤增或成交量骤减的情况。为了不受每日成交量波动的干扰，可采取如下办法：①采用5日、10日成交量移动平均线作为判断依据。②在价格与成交量趋势相符的地方绘制趋势线。例如，当价格趋势开始下降，成交量呈萎缩状态，呈现正向量价关系走势，但慢慢地随着价格的继续下跌，成交量在某一点呈逐渐放大态势，呈现反向量价关系。也就是说，一个下跌趋势是从正向量价关系开始，而以一个反向量价关系结束。③操作区域的确定。操作区域的确定不是单纯依靠成交量来完成的，我们首先要应用空间理论、波浪理论对股价进行全面综合的分析，当确认空间及形态结构在一个较小的空间内形成共振，趋势有反转迹象时，才应用成交量与价格走势的关系对趋势是否发生反转进行最后一次确认。

三、成交量对趋势的确认

成交量对趋势的确认很简单，就是利用价格与成交量运动方向的关系来确认。分析价格与成交量是正向量价关系还是反向量价关系，来帮助我们确认趋势的可靠性，也就是江恩所说的研究成交量对价格是否支持的问题，得到成交量支持的价格运动趋势就能延续，没有得到成交量支持的价格运动趋势就将无法延续，很容易发生逆转。

当市场接近顶部的时候，成交量经常大增，这主要是主力机构在股价接近顶部区域期间，不断制造各种利好消息，吸引大量交易者蜂拥入市买入，主力机构借机大量出货所造成的成交量巨增，当主力机构派发完毕，坏消息浮现，市场顶部出现。

当市场持续下跌，而成交量却逐渐萎缩的时候，则表示市场抛售力量已接近尾声，恐慌性抛盘已出尽，市场底部随即出现。同样，市场底部区域充满利空消息，各类坏消息纷纷而至，有的上市公司也在市场底部甩掉历史包袱，将财务上的利空出尽，有计提减值或处理呆账等。

在上升趋势中，成交量推动价格持续上升，达到顶峰时出现天量天价。同样，一个由正向量价关系推动的上升趋势在见顶后，调整也是伴随巨大的成交量展开的，你会发现卖盘突然增多，价格不再创新高。这时一定要小心，这意味着主要交易者正在卖出他们手中的筹码套现。这种情形通常会持续1～4个交易日，并经常伴随振幅加大的剧烈振荡。振荡时间如果超出时间周期结构（江恩的时间与价格平衡周期结构），则意味着主力机构获利平仓盘依然在持续卖出，并有头部症状出现。

市场价格的运动在一半时间里是有方向性的运动。我们需要使用一个增加或一个减少的成交量模型，也就是确定市场是正向量价运动还是反向量价运动的量价模型，并用它来判断价格趋势的安全性。正向量价运动是一个确定的运动趋势，得到成交量支持的价格运动趋势就能延续；反向量价运动是一个不确定的运动趋势，没有得到成交量支持的价格运动趋势将无法延续，很容易发生逆转。

在上升的市场中，价涨量升的正向量价运动，说明市场成本的重心在不断上移，越高的价位出现越多的成交量，是不断有新资金愿意在更高的价位兑换低位筹码的表现，从而形成新的较高的市场持筹成本。只要价格不跌破这个新的成本区域，新的成本区域就对市场价格有支撑作用，价格将不断上移，直到市场上出现大量贪婪性买盘，主力资金可以顺利卖出手中筹码，主力资金卖出，使市场上的多空力量发生转变，趋势才能改变方向。一开始由于主力资金不能一下卖完手中的筹码，所以卖一部分筹码后会再将股价拉升回来，反映在盘面上，就是多方稍微占优，价格维持高位振荡，让你总有要涨的感觉。直到主力资金将手中筹码卖得差不多了的时候，市场上的坏消息也都出来了，主力资金用最后的筹码砸穿高位成本区域，股价开启大幅下跌走势。

在下跌行情中，价跌量减，空方占据市场，多头处于全面亏损中。下跌初期市场成本重心依然保持在一定的高度，每一次价格反弹接近这个高位成本区域时，都会招来大量抛压的套牢筹码，市场高位筹码形成的反压态势促使价格进一步下跌，交易趋淡。市场经过较大幅的下跌之后，情绪低迷，一切坏消息都会成为卖出的理由，更可恨的是，资本的血腥本质也会让主力资金在此借机打压股价，制造恐慌。当大众的心理达到恐慌的绝望期，市场便出现最后的一跌，随着大量恐慌盘的抛出，底部就来了。

主力资金主要是依据散户情绪操作，主力资金在操作中，利用手中资金和信息导向的优势诱导散户情绪达到两个极端（恐惧与贪婪），在底部骗取散户手中的筹码，在顶部诱骗散户接盘。因此，分析价格与成交量的变化，是离不开市场环境的。

从总体分析思路和逻辑上讲，我们在使用技术分析这一工具时，是对趋势、时空、形态以及成交量（4个变量）进行的综合分析测评。是分析当价格到达某一个狭小区域，趋势发生了变化，空间结构、形态结构也都出现顶部或底部特征，也就是说，当趋势、时空、形态三个方面的分析结果都达到一致性时，我们用成交量对价格趋势是否发生反转进行最后一次确认，以此来完成对价格趋势的判定。

第四节 努力打造自己的交易系统

一、打造自己的交易系统——实现机械化交易模式

我讲的初始波理论、波浪理论及交易方法，是最简单、最有效、最稳定的交易系统，要想学好、用好，必须结合投资者自己的时间、性格及习惯，将其融入自己的投资理念中，真正地和它融为一体。

对于普通交易者而言，简单、易学不仅可以大大降低学习成本，快速检验应用效果，更重要的是可以很好地实现机械化交易。简单是衡量交易策略好坏的标准之一，过于复杂的交易系统不太可能适应市场变化，考虑的因素越多、越复杂，就越难以决策。所以，交易者的首要任务是寻找适合自己的交易系统。

交易从自然学的角度上讲，最根本的还得从人性上认识，其实不外乎以下几点。

1.摆脱情绪化的交易模式

人在没有形成自己独立的思维逻辑和行为准则之前，其行为极容易受到

外界群体效应的干扰，这种现象在股票交易中表现得尤为突出。当你身处其中超过10分钟时，就会受到环境的催眠，尤其是当价格出现极端走势，你的情绪也会随着价格走向极端而处于非理性状态，你的行为将被外界接管。而当你有了自己的交易理念、思维逻辑以及独立的交易系统后，就可以依据系统的交易规则实现机械交易，也只有实现机械化交易模式，才能摆脱情绪化的交易模式。

2.交易=交易策略+仓位管理+技术分析

每一笔交易都是由交易策略、仓位管理和技术上的点位分析所构成，其中涉及的不仅是买卖点，还涉及进场分几次进，什么点位进多大比例；出场也是涉及盈利状态下的出场，还是止损状态下的出场；在进场和出场之间还涉及加仓和减仓做T等问题。此外，这些操作都涉及短线和长线交易策略、仓位管理以及技术上的点位分析，涉及多次决策，短线交易更是如此。复杂和高频率的决策任务使得带有情绪且精力有限的人无法胜任。疲累和焦虑状态下的决策会导致失误，对此想必每个短线客都是深有体会的。系统、机械化交易可以流程化、规范化地重复交易，减少人在交易中的过多思考，只要这个系统、机械交易规则可靠，就可以带来稳定的收益。

3.机械式交易与系统评价

人的决策行为随意性较强，加之市场随时都在变化，如果每次使用的交易策略都有某种程度上的不一致，其交易结果的成败绩效很难评价，交易者不清楚多次交易中的哪个特定因素发挥了主要作用。挣钱、亏钱都是知其然而不知其所以然，更谈不上水平的提高。这也是绝大多数炒股者多年还毫无长进的根本原因。

任何交易技术和策略的评价都要基于足够多的交易样本，而随意决策下的交易则无法做到这一点，因为每次交易其实都存在某些差异的策略，样本实际上来自不同的总体，无法用于统计分析。而系统、机械式交易每次使用的交易策略是一致的，这样得到的样本也能用于绩效统计，所以很快就能发现问题。比如，一个交易者很可能在1、2、3……21次交易中，混杂使用了A、B、C、D四种策略，21次交易下来，他无法对四种策略的效率做出有效评价，因为这21次交易中四种策略的使用程度并不一致。而机械交易和系统交易则完全可以解决这一问题。所以，若想提高自己的交易水平，就必须系统地建立起一套属于自己的机械交易系统，并通过实际交易客观地评价这一交易系统策略的有效性，这样才能更快地提高交易水平，才能长期依托系统交易和机械交易原则在市场中获利。

4.量化交易是机械式交易的基础

金融市场飞速发展，股票、外汇、黄金、商品期货、股指期货等交易品种和交易模式不断翻出新花样，交易机会也大量涌现，如果仅依靠人的随机决策能力来把握市场机会，无异于杯水车薪。不仅是普通交易者，很多大型基金的基金经理临场判断的压力和风险也是非常大的。于是当下出现了以机械交易和系统交易为理论依据的计算机编程交易“上位”，也就是通常所说的量化机械交易，并已成为当前的市场趋势。各类交易已经离不开系统交易和机械交易。

二、交易一定要有计划

如表9-1所示，是我在交易光启技术时的交易计划表，供大家参考。

交易计划表的内容一般包含：①各个交易级别的买卖点及止损点；②如果中短线结合交易，还要有日间做T区域范围；③大盘及个股分析；④中、长、短线仓位控制等。你的交易计划越细致，对市场的评估越全面，临盘应对就越得心应手。

表 9–1　光启技术操作计划表

日期	光启技术操作计划表
5.16	计划与实际操作差别很大，盘中变化莫测，计划是应对变化的一个参考。没有计划不行，死守计划也不行，尤其短线交易，重点是对趋势突破点与止损点有明确的认知。盘中 T+0 交易需要快速敏捷的反应和应对能力，有能力做一做，看准了做一下，不可强行交易 操作级别： 5 分钟 K 线，买入区域：14.50 ～ 14.20 元；卖出区域：15.70 ～ 16.70 元；止损点：14.00 元；T+0：14.30 ～ 15.10 元 个股分析： 日线级别第 1 个目标是 22 元左右，中长线仓位保持 6 成；T+0 仓位 2 成；5 分钟级别目标位 16.70 元
5.17	操作区间没有发生变化，与 5 月 16 日相同
5.18	操作区间没有发生变化，与 5 月 16 日相同
5.19	5 分钟级别操作目标 16.70 元左右，卖出 3 ～ 4 成仓位。T+0 区间为 14.50 ～ 15.50 元、15.50 ～ 15.70 元，操作仓位两成